Las cinco mentiras de Silicon Valley

Las cinco mentiras de Silicon Valley

Cómo emprender sin ahogarte en falsos mitos

CARLOS MOLINA DEL RÍO

EDICIONES DEUSTO

Deusto es un sello editorial de Centro de Libros PAPF, SLU.
Av. Diagonal, 662-664
08034 Barcelona
www.planetadelibros.com

Diseño de la colección: Sylvia Sans Bassat

Primera edición: febrero de 2025
Depósito legal: B. 23.049-2024
ISBN: 978-84-234-3840-2
Composición: Realización Planeta
Impresión y encuadernación: EGEDSA
Printed in Spain - Impreso en España

PEFC Certificado
Este libro procede de bosques gestionados de forma sostenible
PEFC
PEFC/14-38-00305
www.pefc.es

A mis hijas, Carmen y Julia,
que me entienden, se interesan y me apoyan.

A mi mujer, Silvia, a quien tengo que agradecer
la compañía en cuantas decisiones he tomado que
me han llevado hasta aquí; estoy encantado
de seguir aprendiendo de ella para todas
las que quedan por delante.

No puedo tener más suerte.

A foolish consistency is the hobgoblin of little minds, adored by little statesmen and philosophers and divines. [Una coherencia tonta es el duende de las mentes pequeñas, adorado por pequeños estadistas, filósofos y teólogos.]

Ralph Waldo Emerson,
Self-reliance (ensayos, primera serie) (1841)

Sumario

1

Los reyes de la piscina de Logroño

El relato del ahogado

El mercado editorial está infestado de libros que te cuentan lo que debes y lo que no debes hacer para sacar adelante tu empresa tecnológica. Haz la prueba: escribe en el buscador de Amazon «libro de negocios». Yo lo he hecho hoy: 100.000 resultados. Pero ¿cuántos de ellos están escritos por un «ahogado»? Es decir, ¿cuántos de ellos empiezan confesando que su autor ha fracasado? Pocos. La mayoría de los libros de emprendimiento tienen como autores a supervivientes que presumen de talento y tenacidad, y que pintan el camino hacia el éxito como una avenida ajardinada en la que demostrar lo que vales y cumplir tus sueños. El sesgo del superviviente es uno de los mayores enemigos del candidato a emprender. Porque las historias del que ha luchado y ha ganado suenan tan bien que sufrirás la tentación de no escuchar al que luchó con la misma bravura y talento, pero perdió.

Y eso es lo que encontrarás en estas páginas. Cómo alguien con talento, energía y preparación se embarcó en una travesía que creía hecha a su medida, pero que se tragó el iceberg que hundió el *Titanic* de una sentada. ¿Por qué creo que debes leer este libro? Porque quizá tu barco se dirige al mismo iceberg, impulsado por un motor de *wishful thinking* (sandeces de cantamañanas, como dirían en mi pueblo), mentiras, sesgos y narrativas precocinadas. Si puedo lograr que vires a tiempo y tomes un camino más seguro, sentiré que mi experiencia ha servido para algo. Porque el agua está muy fría, y a nadie le va a importar que te sumerjas en ella hasta el fondo.

Cuando asumes el compromiso de fundar una empresa, no estás asumiendo una misión divina. Ni el mercado ni la sociedad te han pedido que lo hagas. Eres tú quien debe buscar el valor que puedes ofrecer. Y, si te lanzas a la piscina, pero luego no encuentras ese valor, nadie va a sentir lástima por ti.

Si te ves flotando en las gélidas aguas del Atlántico Norte, tu cabeza tendrá que decidir entre dos opciones. La primera es regresar a puerto y no volver a echarte nunca a la mar. No veas esto como un fracaso. Es legítimo, porque esta mierda es agotadora, y juro que yo nunca juzgaré a quienes quieran huir de ella. Es más, claudicar puede ser un síntoma de inteligencia que conduzca a una vida de calidad. Como han repetido personalidades de la talla de Charlie Munger, la sabiduría no es acertar, sino encajar el fracaso.

La otra opción pasa por recopilar todo lo aprendido, e intentarlo otra vez. Como habrás adivinado, ésta fue mi decisión. Al tomarla estaba confiando en que el tortazo que me llevé, el fracaso que mastiqué, la decepción que digerí podrían verse aliviados si en una segunda oportunidad hacía las cosas de otra manera. Comenzar de nuevo con la lección asimilada es como correr con un coche de Fórmula 1 el mismo gran premio que antes habías corrido con un cortacésped; vas a tiro fijo, no dudas ante preguntas que te habías hecho anteriormente, y llegas a conclusiones con mucha más velocidad. En este caso, las conclusiones podían resumirse en una: me habían mentido.

Me habían mentido o me había mentido yo a mí mismo. «Un sueño es más poderoso que mil realidades.» «Si crees que puedes, ya has hecho medio camino.» «No pain, no gain ('Sin sufrimiento no hay progreso').» «Todos los sueños pueden hacerse realidad si tienes el coraje suficiente como para perseguirlos.» Frases como éstas habían construido mis expectativas. Hay sentencias llenas de palabras como *sueños, coraje, poder, camino, esfuerzo*... impresas en tazas, pósteres y cuadernos..., y no porque sean ciertas, sino porque se venden muy bien.

En el *hype* de montar *start-ups*, la gente miente; yo creo que no mienten tanto por perjudicarte como por darse ánimos a sí mismos o por creer que sus sueños y otras pamplinas tienen un valor imprescindible para que esta humanidad se dirija a un destino incontestable. Toda empresa busca una narrativa legendaria para explicar su fundación, igual que Virgilio escribió *La Eneida* para que Octavio Augusto, el primer emperador romano, pudiera decir que era descendiente de los dioses. Esta narrativa, además, se construye a través del testimonio de unos pocos ganadores, porque a aquellos que no han llegado a ningún sitio no se los escucha. El llamado sesgo del superviviente es omnipresente en las historias de emprendimiento.

Yo, como otros, tenía tantas ganas de creer lo que escuchaba que me negué a poner en funcionamiento mi sentido crítico. Y es que uno sólo se acuerda del sentido crítico cuando ya está flotando en el mar tras el hundimiento. Pero su importancia es capital: si lo entrenas sin caer en un cinismo bloqueante, manteniéndolo en un equilibrio constructivo, tienes casi garantizado encontrarte entre un 3 % de personas especiales. El éxito no se reduce a estas cuatro variables: sueños, convencimiento, esfuerzo y persistencia. Alcanzarlo es mucho más complejo, e incluso pasa por redefinirlo.

Por eso sé que este libro, surgido de ese duro proceso de aprendizaje, aporta un valor que merece la pena compartir. Porque en él intento compensar toda esa acrítica propaganda del emprendimiento que nos intoxica. Pero no lo hago de una forma destructiva, sino que pretendo hacerte entender cuál es el camino real (un sendero pantanoso donde no ves salida, una montaña rusa de emociones, que puede estar lejos de ser viable, un recorrido sin atajos y donde el fracaso constituye la opción más probable). Ese camino te aleja de la mentira. Si lo conoces, creo que incrementarás notablemente tus posibilidades de tener éxito.

Y cuando digo «tener éxito» me refiero a conservar tu dinero y hacerlo crecer con tu trabajo, aunque sólo te sirva para ganarte modestamente la vida —con las tarifas que tú decidas—, tomar tus propias decisiones y eludir la explotación de un jefe chusquero e incompetente. Yo dispongo de más de 49.000 lectores diarios y facturo más de 100.000 euros al año, dedicando a mi proyecto personal 3 horas de trabajo al día. Unas cifras bastante más discretas que aquellas con las que soñaba en mi primera aventura. Y, cada día, eso me ayuda a consolidar mi calidad de vida, la de mi familia y mi propia salud mental.

Vale, yo no acabaré viviendo en un dúplex en Palo Alto con un coche autónomo en el garaje y un *coach* motivacional a mil dólares la hora. Pero es que esas cosas, para mí, ya no son sinónimo de éxito. El hecho de generar mi propio medio de vida, cada vez más acomodado, creando valor para una masa de seguidores —cada vez mayor— y sacando partido a mi conocimiento —cada vez más instruido—, no es otra cosa que el gran éxito de mi vida.

Si no estás de acuerdo con esto, quizá este libro no sea para ti; pero tal vez haya muchas cuentas de *criptobros* que podrían interesarte.

Reyes de piscina

Hay quien dice que me parezco físicamente a Alfredo Landa. Soy bajito, con una buena dosis de vello corporal y un carácter vivaracho. Hay que reconocer que cumplo el arquetipo de actor de comedia del destape. Esos que recorrían playas y piscinas persiguiendo suecas. Por ese motivo, esto tiene todavía más gracia: durante un período de mi vida fui el rey de la piscina..., o uno de los reyes. Está bien, no atraíamos a ninguna sueca. Pero conseguíamos congregar a nuestro alrededor a una multitud de curiosos siempre interesados en lo que estábamos haciendo. ¿Y qué hacíamos, sentados en nuestras toallas bajo el sol de agosto en La Rioja? Algo que en esos años se consideraba casi extraterrestre: jugar a juegos de mesa de fantasía y rol.

Aquí es donde os voy a presentar a Adolfo. Uno de mis mejores amigos de toda la vida y una de las personas más importantes de este libro. De algún modo que aún no me explico, Adolfo había hallado la forma de convertirse en experto de juegos de rol y de mesa. En el Logroño de la década de 1990, sin internet, no se sabía nada de esos entretenimientos. Él lo explica así: «En 8.º de EGB descubrí el rol en un programa de La2 de TVE (¡ojito con los contenidos en los años ochenta!), e inventé los juegos a los que me gustaría jugar y que no existían o no podía comprar. Resultó que los juegos les gustaron a mis amigos. Y jugamos un montón».

El verano en Logroño puede ser bastante desesperante. Una ciudad de interior con un río Ebro que sólo refresca enjambres de moscas y unos parques en los que no se mueve una gota de aire. Por eso nos pasábamos el día en la piscina. Allí apareció Adolfo por primera vez, llevando bajo el brazo sus extraños tableros, sus dados de diez caras y sus tablas de estadísticas. Adolfo era tres años y medio mayor que yo: yo tenía diez, y él, catorce. Supongo que entre los chavales de su edad no encontraba gente tan entusiasta como entre los de la mía (si él se mete con lo de mi físico ibérico, yo también le puedo dar cera). Yo fui uno de los primeros en unirme a su grupo de jugadores. Lo que ahora solemos llamar *early adopters*.

Mientras otros adolescentes respondían con un bostezo preguntas del Trivial o daban por decidida una partida de Hotel después de haber comprado el President, nosotros lanzábamos dados y comprobábamos tablas para dilucidar si habíamos matado al dragón, si habíamos escapado de la mazmorra... O si el balón había entrado en la portería, porque entre esos juegos también había muchos «simuladores deportivos», cosa que, si sigues leyendo, verás que será importante.

La grandeza de Adolfo se manifestó en su plenitud cuando decidió que todas esas normas no tenían por qué limitarse a productos comprados en tiendas. Un día, cogió una tabla de aquí, una norma de allá, un dado de esto y una ficha de lo otro y lo aplicó a una narrativa nueva: «Cuando era pequeño, no tenía ordenador, así que empecé a inventar y dibujar mis propios juegos de tablero para poder jugar al Platoon, al Perico Delgado o a ¡Los Caballeros del Zodíaco!».

En el año 1990, TVE había emitido un puñado de episodios

de la famosa aventura de los caballeros en busca de sus armaduras legendarias. No había tenido demasiado éxito. Pero en 1991 y en 1992, la recién creada Telecinco programó la serie completa. Y arrasó. Aquello era algo nunca visto. Tras las series de los personajes Heidi y Espinete, *Los Caballeros del Zodíaco* proponía un culebrón con violencia cruda, traiciones, personajes ambiguos... A todos los chavales les encantaba esa serie. Y por eso se acercaban a nosotros en la piscina. Porque nos veían arrojar un dado y, a continuación, decir con entusiasmo: «El ataque Meteoro de Pegaso funciona y le quita diez puntos de vida a Ikki».

Acudían a nosotros como polillas a un farol. Habían pasado la mañana viendo por enésima vez la pelea entre Fénix y Pegaso grabada en su VHS, y veían a un grupo de chicos reviviendo ese momento en su propio tablero. Querían jugar. Por supuesto, los admitíamos a todos. Adolfo les enseñaba las normas e incluso les dejaba fotocopiarse las tablas y libros de instrucciones que él mismo había creado. No sólo de *Los Caballeros del Zodíaco*, también del Tour de Francia, de boxeo, de taekwondo, de *Star Wars*... de lo que fuera. Ligar no ligábamos, pero lo pasábamos increíble.

Nos daba la sensación de estar haciendo algo bueno. Habíamos popularizado una forma sana de entretenerse en verano. Funcionaba. La estábamos compartiendo con otros chavales y tenía éxito entre todos los perfiles (bueno, excepto entre las chicas). Aquel esfuerzo nos estaba reportando una buena cuota de popularidad, que es la moneda de curso legal entre los preadolescentes. Nos habíamos convertido en lo que ahora llamaríamos *influencers*. Yo era como un *influencer* de piscina en el Logroño del año 1995.

Es decir, con aquello que hacíamos, todos salíamos ganando. Nuestro nicho social salía ganando. Cumplíamos todos los objetivos que tiene que perseguir un proyecto empresarial para ser considerado un éxito. Bueno, todos, excepto el beneficio económico. Y esto es una maldición que, como verás, me ha ido persiguiendo durante varios años.

Un tío en una casa rural dice: «¿Y si...?»

A algunas personas, este tipo de infancia les parecerá de lo más marciana. Sobre todo, a ésas cuyos intereses iban poco más allá del fútbol, la moda o ligar con el sexo opuesto, para lo cual había que empezar a beber y frecuentar discotecas a partir de los catorce años. Tengo que deciros una cosa, chicas y chicos, al final, el universo friki ha vencido. Pocas cosas hay más *mainstream*, ahora mismo, que disfrazarse de algún personaje de *Star Wars* o de elfo de *El señor de los Anillos* o de *cosplay* manga, seas chico o chica. Marc Andreessen dirige el mega fondo A16Z y, cuando habla, todos le escuchan, aunque no se quite el uniforme de *stormtrooper* (soldado de asalto de *Star Wars*). Los jóvenes salen y beben menos y se relacionan más a través de aficiones que antes eran de nicho (videojuegos, baile, deportes minoritarios...), y ni siquiera el fútbol tiene un futuro garantizado como deporte de masas. Al menos, no de masas de esas dimensiones que conocíamos en los años noventa.

Los pocos que en aquel momento supimos ver el potencial de este tipo de diversión, sana, imaginativa y constructiva tenemos que enorgullecernos. Pero vaya si tenía potencial. A mi grupo de amigos, la afición nos duró años. Además del juego de rol de *Los Caballeros del Zodíaco*, ideado desde cero por Adolfo, disfrutábamos como cochinos en lodazal de un abanico de posibilidades que nada tenía que envidiar al catálogo de Hasbro. Entre los juegos de tablero o rol creados por nosotros que recuerdo había, toma nota: taekwondo, boxeo, ciclismo, fútbol, atraco de bancos, lucha libre, toma de castillos, guerra... Cualquier tema que interesase a un miembro del grupo podía encontrar su adaptación a un juego.

¿Qué pasó entonces? Pues que más de una década después, cuando ya nos convertimos en señores con barba, jóvenes de prometedora alopecia, pero aún en buena forma física, nos dimos cuenta de que poseíamos un bagaje que otros no tenían. El mismo grupo de amigos que nos sentábamos alrededor de unas extrañas tablas a lanzar dados en la piscina de Logroño nos seguíamos reuniendo. Ahí estábamos Carlos, Adolfo, Rodi, Nacho y Javi. Aunque habíamos estudiado carreras distintas en ciudades de toda España, manteníamos la amistad, y con cierta frecuencia organizábamos encuentros en casas rurales a las que íbamos con nuestras parejas y familias (sí, queridos y queridas, los frikis también tenemos parejas y familias, no hagáis tanto caso a la serie *The Big Bang Theory*). En esos encuentros, por supuesto, se jugaba alguna partidita. Entre nosotros había tres ingenieros. Yo ya era ingeniero de telecomunicaciones, y estaba estudiando un MBA (máster en administración de empresas), porque quería llevar mis conocimientos al desarrollo de empresas. Adolfo era informático. Nacho era economista... En aquellas reuniones (que tenían ya su proyección en el mundo digital con listas de correo de Yahoo!) disponíamos del equipo humano necesario para poner en marcha una empresa. Y disponíamos de un valor añadido: tras una década haciendo juegos, dominábamos su diseño, es decir, el arte de las mecánicas.

¿Qué son las mecánicas? En el mundo de los videojuegos, las mecánicas son lo que tiene que hacer el jugador para superar una situación. Sonic tiene que hacerse bola y rodar para pasar un *looping*. Lara Croft tiene que descubrir una combinación de palancas para abrir la puerta de un templo. Pacman tiene que comerse el coco más grande para poder eliminar fantasmas. Las mecánicas se integran con las narrativas. Es decir, sería raro que Lara Croft se tuviera que comer un coco para matar un fantasma, porque parecería algo ajeno a la historia que cuenta su videojuego, su narrativa, que es una historia de una arqueóloga que explora templos. Esto de las mecánicas y las narrativas no es exclusivo de los videojuegos, también se encuentra en los juegos de tablero o los juegos de rol. Y nosotros llevábamos creándolas y combinándolas durante años. Y, además, ahora, como ingenieros que éramos, podíamos trasladarlas a una pantalla. La idea de montar una empresa de videojuegos surgía casi como algo inevitable.

No puedo recordar quién fue el primero de nosotros en formular el «¿Y si...?». Pero el caso es que se formuló. Y tanto en nuestros encuentros como en nuestros chats y listas de correo la bola de nieve fue cobrando tamaño. Para pasar de imaginar una cosa a hacerla (o, más bien, intentar hacerla, no nos confundamos) sólo es necesario una buena dosis de entusiasmo. Y si hubiera unos juegos olímpicos del entusiasmo, yo tendría una medalla asegurada.

Lo que vas a aprender a continuación es que el entusiasmo no es sinónimo de conocimiento ni de experiencia. Si quieres montar un bar, por muchas ganas que pongas, es mejor que antes hayas trabajado en un bar. Lo mismo con el emprendimiento. Primero, aprende de la industria; después, monta tu *start-up*. Nunca al revés. Pero no nos adelantemos. Espérate a ver lo que sucedió.

Los primeros ensayos: nace 89bits

Pasar nuestros juegos de mesa a una pantalla era lo más lógico del mundo. Estábamos convencidos de que no necesitábamos testar las mecánicas (craso error), ya que lo llevábamos haciendo toda la vida. Las normas que inventábamos tenían sentido y eran divertidas, y Adolfo ya había programado algún simulador de fútbol. Así que lo único que teníamos que poner a prueba era nuestra capacidad tecnológica para desarrollar videojuegos. O eso creíamos por entonces, porque en aquellos momentos a nadie se le había ocurrido pensar en planes de negocio, monetización, adquisición... y todas esas cosas en las que luego entraremos. Estábamos demasiado entusiasmados con el reto de generar un producto. Y cualquier resultado, por mínimo que fuera, nos emocionaba.

Recuerdo, por ejemplo, la emoción con que mostramos a nuestras parejas la pantalla de nuestros móviles la primera vez que tuvimos un *built* (es decir, un producto en construcción) funcional. No eran más que puntos de colores que se movían sobre una pantalla en negro, incluso el Pong de Atari parecía más sofisticado. Lo enseñábamos como si fuéramos Colón regresando de América con el primer racimo de tomates para Isabel la Católica. Ellas nos debían tomar por idiotas. Pero es que nosotros sabíamos que debajo de esos puntitos había unas normas, unas mecánicas con sentido..., que había un juego. Y lo más fácil de todo era cambiar esos puntitos por gráficos de verdad.

Ahí estábamos cometiendo un error clásico: testar el producto inacabado con el círculo cercano; personas con muy poco conocimiento, cuyo mayor peligro son sus buenas intenciones. No tardaríamos en aprender que el único *feedback* que sirve es el del público objetivo ante un producto casi terminado. Y que, mientras no lo tengas, hay que seguir la valiosa estrategia de *fake it till you make it*, es decir, hacer ver que tienes un desarrollo en ciernes para conocer qué opina de él el público objetivo y adaptar el producto a ese *feedback*.

Ah, he dicho pantallas de nuestros móviles, no de nuestros ordenadores. Y esto es importante. Porque estamos hablando de 2010. Llegaba la revolución de la movilidad. El iPhone había irrumpido en el mercado para ponerlo todo patas arriba. De pronto, no necesitabas un distribuidor para tus programas: los desarrollabas, los subías a App Store y todo el mundo los deseaba y los descargaba (o eso te hacían creer, como te cuento en el capítulo «La cuarta mentira: haz un buen producto y el cliente acudirá»). Por eso vimos la oportunidad más a tiro que nunca. Éramos unos elegidos: combinábamos conocimientos, nos formábamos en escuelas de élite (yo escogí poner en marcha este proyecto empresarial también como parte de mi trabajo práctico para una asignatura de mi MBA) y contábamos con años de exitosa experiencia desarrollando juegos para el exigente mercado de las piscinas de Logroño. Ahora nos ponían las herramientas en la misma mano. Estaba todo hecho.

Fundamos 89Bits. Fue uno de los cinco nombres que tuvimos que proponer, para asegurarnos de que alguno no estaba cogido. Lo de 89 era por el año que tuvimos nuestra primera videoconsola: la Nintendo Game Boy.

Nuestro primer producto sólo tenía el objetivo de servirnos como prueba. Se trataba de un sencillo juego de salto de longitud, en el que tenías que pulsar botones rítmicamente, algo parecido al Mario y el Sonic en los Juegos Olímpicos, pero con una sola categoría. Contratamos a una ilustradora que convirtió los puntitos luminosos en unos personajes al estilo Playmobil, muy atractivos. El *look and feel* resultaba bastante *amateur*, no nos engañemos. Pero el flujo del juego funcionaba: ganabas campeonatos provinciales, pasabas a los nacionales y continuabas hasta los Juegos Olímpicos. La cosa enganchaba, al menos a nosotros, porque no había más *testers* (luego hablaremos de los *testers*). Lo subimos a la tienda Apple, casi sólo por aprender a completar el proceso que luego seguiríamos con una verdadera apuesta.

Un buen día, el juego tuvo cuatro mil descargas en menos de veinticuatro horas. No teníamos ni idea de por qué había sucedido. Pero así era. Nuestro juego de salto de longitud en el que sólo había que apretar botones acompasadamente, con una mecánica tan novedosa que podía haber formado parte de un Summer Games para Commodore 64, tenía éxito. Al menos, en relación con las expectativas.

Tampoco creo que nos sorprendiera mucho. No estaba sucediendo otra cosa que lo que nos estaba prometido. La quimera del oro: ve a Alaska y encontrarás metales preciosos a punta de pala. Si éramos capaces de lograr esto con un jueguito de prueba, ¿qué no haríamos cuando nos pusiéramos a desarrollar algo en serio?

Y nos pusimos en serio (en este apartado sale Perico Delgado)

Vamos a asomarnos otra vez al abismo de la nostalgia. Si eres lo suficientemente mayor, habrás celebrado su victoria en el Tour de 1988. O habrás tenido alguna antigua chapa de detergente Luzil con la foto de su cara en su interior. Si eres algo más joven, tendrás interiorizado el sonido de su voz mientras contemplas bucólicas imágenes tomadas desde helicópteros en remotas etapas de montaña. Durante mucho tiempo, sus brillantes conversaciones con Pedro González eran lo único que mantenía despiertos a los españoles en la emisión de las grandes carreras del ciclismo. En fin, hablo de Perico Delgado, todo un mito.

Sirva como una prueba más de lo lanzados que íbamos. Estábamos tan seguros de nosotros mismos que no teníamos reparos en contactar con personajes de leyenda. Nuestro horizonte era el infinito... La apuesta consistía en repetir lo que nos había granjeado el reino de la piscina: si hacíamos el juego al que nosotros querríamos jugar, España entera querría jugar. Por eso no me corté un pelo. Un buen día, sin presentación previa, sin intermediarios, sin contactos, envié un mensaje por Twitter, ahora X, al gran Pedro (*Perico*) Delgado. Me presenté como 89Bits, una nueva empresa de desarrollo de videojuegos deseosa de rendir un meritorio tributo al campeón del Tour de nuestra infancia (con permiso de Induráin, al que considero campeón de nuestra preadolescencia). En las oficinas del empleo que en aquel tiempo tenía, todavía resuena el respingo que pegué cuando una notificación me anunció que Perico había respondido.

Quedamos en la cafetería de un hotel, un lugar en el que sus admiradores no le interrumpían tanto. Pedro Delgado es un tipo tan afable y accesible que no me extraña que se escondiera. Expuesto a la gente, en el Vips de Neptuno, por ejemplo, imagino que sería incapaz de negar un saludo, un autógrafo o una selfi.

Le vendí muy bien la idea porque la idea era muy buena y, sobre todo, sencilla de explicar. No necesitaba meterme en detalles. Bastaba con decir: «Perico, ¿has jugado alguna vez al PC Fútbol, ese juego que anunciaba Michael Robinson y que se vendía en todos los quioscos a principios de siglo? Pues vamos a hacer un "PC Fútbol" pero de ciclismo, vamos a recrear tus mejores etapas y competiciones de los años ochenta, para que el jugador las viva en primera persona, y el centro del juego vas a ser tú».

Le convencimos. Firmamos un contrato en el que él confiaba en nosotros plenamente. Por eso, como pago sólo nos exigió un porcentaje de los ingresos que consiguiera el juego, es decir, de la suma de todas las transacciones que los usuarios realizasen. Teníamos a nuestro mito. Y el juego funcionaba. Yo había reunido una serie de usuarios cero para que me dieran sus opiniones, conocidos o conocidos de conocidos, nada profesional. Pero el *feedback* estaba siendo muy prometedor.

Pero no nos contentábamos con eso. El deporte de nicho y el ocio de nicho no eran las únicas aficiones de nicho que practicábamos. En los últimos años, yo había abrazado la música de nicho. Tenía un compañero de piso en mis años universitarios del que nos solíamos burlar por haber pronunciado la siguiente frase: «Ojalá me gustase el chocolate negro, porque a la gente que le gusta le gusta mucho más». Más allá de la aberración gramatical que representa la formulación, mi oposición a ella era más práctica: si lo que te gusta es el chocolate Nestlé Extrafino, ¿quién eres tú para decir que te gusta menos que a alguien adicto al chocolate con 90 % de cacao? Es decir, ¿por qué los gustos de nicho tienen más valor que los *mainstream*?

Curiosamente, diez años después, y aún sin darme cuenta, parecía estar dándole la razón a mi colega. Porque yo aspiraba a hacer un producto *mainstream* cargado de ingredientes de nicho, más puros que el chocolate negro: la época dorada del ciclismo español, los videojuegos *vintage* que habían enamorado a mi generación, la figura de Pedro Delgado... ¡Incluso el nombre de mi empresa, 89Bits, era pura nostalgia! El mismo Perico me preguntó, tras ver alguna de las demos de producto que le mostraba, que por qué no estábamos trabajando en un videojuego moderno, en 3D. Yo le decía que queríamos algo mucho más vinculado al mito, al pasado, a la nostalgia. Por eso habíamos escogido gráficos 2D, con vistas en plano cenital. Era una decisión estética, no era que fuéramos unos cutres (aunque es cierto que no teníamos a nadie que supiera de Unity). Y esta decisión estética también exigía una banda sonora muy especial.

En mi cabeza sonaban aquellas melodías únicas que acompañaban cada Vuelta Ciclista a España de mi infancia. Desde *No tengo tiempo*, de Azul y Negro, hasta *Conga*, de Miami Sound Machine. Como el gran campeón me había contestado inmediatamente, pensé que un grupo que veneraba podría hacer lo mismo. Un grupo que rescataba ciertos aires del pasado y los mezclaba en una batidora con esencias posmodernas, con un resultado que no dejaba indiferente a nadie, era Hidrogenesse. ¿Qué importaba que fueran un dueto de culto, adorados por una minoría? Si yo podía disfrutarlos, España entera los disfrutaría. Los ciudadanos tenían derecho a acostumbrarse al chocolate negro y descubrir su superioridad.

Los Hidrogenesse, compositores de *Soy un disfraz de tigre*, esos genios que supieron afirmar que los caballitos ponis son siempre «más tristes que lo tuyo»,[1] se mostraron igual de accesibles, cercanos y dispuestos que Pedro Delgado. Crearon y produjeron un tema por una tarifa increíblemente generosa.

Con esta guinda, yo, como *product manager* autodesignado, ya tenía un juego en el que me reflejaba. Contenía todo lo me gustaba. Las mecánicas y la programación que lideraba Adolfo, con las que había logrado un juego entretenido y funcional, harían el resto. Sólo había que poner el producto en las tiendas. El gran público oiría hablar de él, como los chavales logroñeses oían hablar de un grupo de chicos que amenizaba las tardes piscineras con dados, estadísticas y tableros.

Esto iba a ser un éxito.

Chocolate negro vs. chocolate con leche

¿Recordáis que habíamos firmado un contrato en el que Pedro Delgado cobraba sólo un porcentaje de los ingresos? Bien, sospecho que la cantidad que llegó a embolsarse el campeón no superó los doscientos euros. En el tiempo de vida útil que tuvo el juego desde que lo subimos a la App Store, el número de descargas fue de 471. ¿Podría deberse a que el juego era caro? No lo era. El juego, en su versión más económica, valía 0,99 euros. Cuando lo pusimos a 4,99 no conseguimos ni 20 descargas. Los ingresos brutos se elevaron a la friolera de 340 euros. Los ingresos por publicidad no llegaron a 2 euros. El beneficio para 89Bits fue de 130 euros.

¿Recordáis también que nuestro pedestre juego de salto de longitud había obtenido cuatro mil descargas en menos de veinticuatro horas, sin que pudiéramos explicarlo? Nosotros pensábamos que se debía a un fenómeno orgánico inevitable: si el juego molaba, el juego se descargaba. Nuestro Perico Delgado molaba más, por lo que debería conseguir más descargas. Bien, eso no ocurrió. No sólo no ocurrió de forma orgánica. Además, me en-

1. En la canción *No hay nada más triste que lo tuyo*.

trevistaron en Radio Nacional de España, en horario de máxima audiencia; en aquella entrevista hablé con todo el entusiasmo que puedo llegar a emanar (y puedo llegar a emanar muchísimo entusiasmo), con un resultado de cero descargas aquel día. El mismo Perico mencionó la existencia del juego durante el desarrollo de una gran etapa ciclista. Lo mismo: cero descargas.

Qué sorpresa, ¿verdad? En ese momento fuimos conscientes de una rotunda realidad: por mucho que los verdaderos amantes del chocolate elijan chocolate negro, Nestlé Extrafino vendía ciento ochenta mil tabletas al día en 2009,[2] sesenta y ocho millones de tabletas al año. Nosotros estábamos en el otro lado del espectro. Habíamos creado un producto tan de nicho que quizá el nicho fuéramos Adolfo, los Hidrogenesse y yo. Y es que dedicarte en cuerpo y alma a crear un producto de culto tiene un precio... que nadie te va a pagar.

Y ésta fue la primera constatación de que haber sido los reyes de la piscina en los años noventa no nos garantizaría reinar en el mercado de las apps móviles en la década de 2010. Era nuestra primera desilusión. Pero ¿os he dicho ya que de entusiasmo iba sobrado? Es cierto, lo repito cuanto queráis: me sobra el entusiasmo. Y eso, a veces, no tiene por qué ser positivo.

Algo más modernito

Ya sabíamos que los usuarios de las nuevas tecnologías móviles no iban a acudir a nosotros para aprender las delicias del chocolate negro. Por mucho que amásemos los videojuegos *vintage*, la nostalgia de la vuelta ciclista, la leyenda de Perico y el estilo «tontipop» de Hidrogenesse, teníamos que reconocer que eran preferencias poco exportables. Teníamos que pensar un poco más en nuestro mercado. ¿Qué le gustaba al mercado? ¿Qué le

2. Según comunicado de prensa de Nestlé del 23 de marzo de 2009, <https://empresa.nestle.es/es/sala-de-prensa/comunicados-de-prensa/nestle-extrafino-se-renueva#:~:text=Sesenta%20y%20ocho%20millones%20de,en%20Espa%C3%B1a%20son%20de%20Nestl%C3%A9>.

gustaba a la gente en aquella década? ¿Por qué cosas estaban dispuestos a apostar?

La respuesta llegó rápido. Podía escucharse en las bocas de los usuarios, y había entidades dispuestas a invertir a fondo perdido en ella. Lo que quería la gente era... innovación. El consumidor anhelaba que su propio teléfono móvil le dejase boquiabierto. Shazam adivinaba la canción que estaba sonando. Google Street View te llevaba de paseo por cualquier ciudad del mundo. Incluso las fruslerías triunfaban: lograr que el móvil sonase como un sable Jedi o como un látigo, ponerte orejas de gato en una videollamada, disponer de cada vez más emoticonos en los chats. No se perseguía tanto el contenido como una demostración de lo que tu dispositivo, por el que habías pagado tanta pasta, podía hacer. Había que reconocer que, en ese contexto, un videojuego como el Perico Delgado no cumplía en absoluto la expectativa.

Si queríamos seguir con 89Bits, más nos valía hacer algo más innovador. Y no sólo porque los usuarios lo iban a demandar, sino porque, además, era vital para financiarnos. Como decía, en aquella época había numerosas instituciones y empresas repartiendo dinero a los emprendedores que propusieran cosas diferentes. Microsoft era una de ellas.

En 2010, el gigante tecnológico de Bill Gates estaba intentando posicionar Windows Phone en el mercado, compitiendo contra los sistemas operativos Android e iOS. Para conseguir usuarios, necesitaba un catálogo de aplicaciones que llenara su dispositivo de contenidos. Por lo que era necesario atraer talento que trabajase en su ecosistema. Financiar el desarrollo de apps fue una de sus estrategias. Nosotros nos enteramos de ello y exploramos las condiciones. Por supuesto, yo aún creía que el único camino posible para sacar adelante una *start-up* era levantar cuanta más pasta, mejor. (Más adelante te contaré lo que pienso ahora.)

Microsoft ofrecía 20.000 euros a las empresas que desarrollasen una app interesante para Windows Phone. La cantidad subía a 50.000 cuando la app se servía de la nube de Microsoft. Parece ingenuo si lo comparamos con las cifras que se mueven en Palo Alto. Pero a nosotros nos parecían un montón de ceros. Nos esforzamos para que nuestra idea no sólo fuera más innovadora, sino que además necesitase utilizar la nube por fuerza.

Y así nació Pitlane Manager.

Zona de confort redecorada

Nosotros teníamos nuestro *expertise*. Éramos buenos para lo nuestro. Nuestros juegos, nuestros tableros, nuestras mecánicas. Sabíamos por experiencia que podíamos hacer que la gente se lo pasara bien con ese ocio alternativo. Pero ahora también sabíamos que nuestros gustos no bastaban para atraer a usuarios a un mundo donde las pantallas móviles ofrecían espectáculo y sorpresa. Necesitábamos algo que fuera novedoso, un verdadero valor añadido a la forma de jugar, pero, al mismo tiempo, factible, y que no nos sacase demasiado de nuestra zona de confort. Por supuesto, no podíamos ponernos a diseñar un Angry Birds, ni mucho menos cambiar de tercio y meternos a desarrollar una app como Tuenti o Ticketea, por mencionar ejemplos patrios. ¿Qué podíamos añadir a nuestra propuesta para no ofrecer, simplemente, un PC Fútbol pero con bicicletas?

La respuesta nos sonó muy prometedora: el tiempo real.

Por aquel entonces, la Fórmula 1 pegaba muy fuerte. Los españoles aún estábamos seguros de que Fernando Alonso ganaría otro mundial, una ascua de esperanza que fue extinguiéndose poco a poco, al mismo tiempo que las marcas españolas fueron retirando sus patrocinios a escuderías y carreras. Telecinco, La Sexta y Antena 3 se dejaban una pasta en las pujas por los derechos, y ahí llevaban a Antonio Lobato, el calvo de la Fórmula 1, con toda su *troupe*, a pasear por el mundo. Empleos subsidiarios del fenómeno Fernando Alonso.

A mí me gustaba la Fórmula 1, y me habría gustado con Alonso o sin él, por la misma razón por la que me gustan todos los deportes, desde el fútbol hasta el atletismo. Un día, al ver una carrera, reparé en la cantidad de datos y estadísticas medidos al segundo que proporcionaban las telemetrías de los coches y circuitos en vivo: posiciones, vueltas rápidas, tiempos en boxes, etcétera, todo con precisión de milésimas. Me pregunté si habría algún servidor por el que pasasen todos esos datos, y si ese servidor estaría operado por alguna entidad en particular, dispuesta a dar acceso simultáneo a otras empresas. En el caso de que la respuesta fuera positiva, allí había una idea.

Un jugador podría dirigir su propio equipo de Fórmula 1 virtual y competir en vivo con los equipos reales de la carrera. No se trataría de emular a Fernando Alonso, sino a Christian Horner, Stefano Domenicali o Ross Brawn, y competir con ellos de verdad. En tu casa, podrías decidir cuándo tus coches cambiaban neumáticos y repostaban, cuándo arriesgaban el todo por el todo a costa de destrozar las gomas, cuándo pedías a tus pilotos ser conservadores... Nuestra app cotejaría esas decisiones con las estrategias reales de los coches en carrera, y te diría de forma simultánea tu posición respecto a ellos, en vivo. Es decir, tendríamos un juego de gestión, como el Perico Delgado (nuestra zona de confort) pero añadiendo el tiempo real y la carrera real, lo que aportaría la innovación tecnológica epatante que buscábamos. Sería, además, un complemento perfecto para seguir la retransmisión de un deporte que no es precisamente emocionante todo el rato, sino que pasa por baches notablemente soporíferos y concentra la espectacularidad en tres o cuatro momentos de cada gran premio (en aquel entonces, el concepto de doble pantalla se imponía poco a poco).

Por supuesto, esa entidad que centralizaba los datos de las carreras de Fórmula 1 sí existía; y claro que permitía acceder en vivo a ellos: todos los medios de comunicación que ostentaban derechos de transmisión lo hacían.

Ya teníamos juego. Había que desarrollarlo. La bofetada que nos habíamos dado con el Perico Delgado sólo fue un acicate para seguir adelante. A fin de cuentas, estábamos convencidos, como tanta gente, de que una idea innovadora bastaba para alcanzar un éxito rotundo de la noche a la mañana. (Ya diré en el segundo y tercer capítulo lo que ahora pienso de eso.)

Todo bien en los entrenamientos libres

La idea gustó. Conseguimos esa subvención de Microsoft para desarrollar el juego en Windows Phone, al mismo tiempo que también la adaptábamos para Android. Como era un juego que precisaba conectarse a la nube (*cloud*) para sincronizar los datos de la carrera en tiempo real, nos otorgaron los 50.000 euros prometidos para este tipo de desarrollo. Además, una vez que Microsoft se interesó, surgieron otros padrinos. Fue el caso de Wayra, el acelerador de *start-ups* de Telefónica, porque, en aquellos años, si una gran corporación no tenía su acelerador, *hub* o incubadora de *start-ups*, ni era una gran corporación ni era nada. El caso fue que de pronto nos vimos con un capital nada desdeñable, con el que podíamos permitirnos formar una estructura más parecida a la de un estudio profesional. Yo podía centrarme en el *product management* y en la adquisición, mientras Adolfo se dedicaba a la inteligencia y delegaba el código *front end* y *back end* en un programador. También contratamos un diseñador UX, que desde entonces se mantuvo con nosotros: Jorge, un *crack*.

Técnicamente, el juego era factible. Eso lo supimos desde muy pronto. Así que, mientras los ingenieros convertían lo factible en algo tangible, yo me dediqué en concretar la propuesta de producto. Lo que habíamos aprendido con el juego Perico Delgado es que no podíamos dar por sentado que a la gente le iba a gustar lo que a nosotros nos gustaba. En aquel tiempo, el ciclismo estaba de capa caída, mientras que la Fórmula 1 volaba alto, impulsada por la popularidad de Fernando Alonso. Con su fichaje por Ferrari, tras ganar dos mundiales con Renault, había encandilado a los españoles. De pronto, todo el mundo entendía de compuestos para neumáticos, revoluciones por minuto y aerodinámicas fijas o móviles. En los dos últimos campeonatos, Alonso había sido subcampeón, y nadie dudaba de que volvería a ganar, montado sobre un *cavallino rampante*. El Banco Santander había hecho una apuesta fortísima por la Fórmula 1, patrocinando la escudería. Y, a falta de una, dos cadenas tenían los derechos de emisión del campeonato: Antena 3, en abierto, y Movistar

Plus, de pago. Cuando contaba la idea, el juego sorprendía; salíamos de los nichos que siempre habíamos frecuentado para irrumpir con fuerza en algo *mainstream*, añadiendo algo nuevo, como la respuesta en tiempo real. Ah, la idea... Nos estábamos enamorando de ella..., cosa, que, como te diré más adelante, es lo último que debes hacer: enamórate de tu pareja, pero no de tu idea.

En paralelo, el desarrollo de la app iba viento en popa. Una API permitía a los dispositivos personales interactuar con los datos de las carreras a la perfección. Y enseguida dejamos volar la imaginación y vimos la escalabilidad del proyecto. Podíamos aplicar todo esto que hacíamos en la Fórmula 1 a todos los deportes que concentrasen sus estadísticas en tiempo real. Y la buena noticia es que casi todos los deportes que se juegan en Occidente y se emiten por la tele lo hacen. Así que, después del automovilismo vendría el fútbol, cómo no. Y, luego, para dar el salto transoceánico, la NBA. Y funcionaría porque los aficionados al deporte tendrían un elemento más para incrementar la emoción, como sucede con las apuestas, pero en plan sano. No nos costó convencer de esto a Movistar. Nuestra pertenencia a Wayra nos conectaba de forma natural con la compañía que poseía los derechos de emisión de Fórmula 1 en *pay per view*. Así que era lógico que tanteásemos con ellos las primeras opciones para monetizar nuestro trabajo. Lo más natural, de momento, era «brandear» nuestra app con la imagen corporativa de Movistar, y que ellos nos asegurasen todas las menciones posibles en espacios relacionados con el deporte, para así conseguir más usuarios. Una vez que tuviéramos un porrón de jugadores, ya veríamos qué condiciones poner. Es decir, aún no había conversión, pero, bueno, era un plan de negocio.

De hecho, ese plan nos valió ganar la App Cup de Microsoft. Una competición a nivel europeo que reconocía las aplicaciones en desarrollo más prometedoras del momento. La escalabilidad del negocio tenía mucho peso, y por eso nos llevamos la final ante unos alemanes veinteañeros, que parecían sacados de un anuncio de una cadena de espacios de *coworking* y proponían una red social con traducción simultánea para tener amigos de todos los países. Nosotros, ya en nuestra treintena y asomándonos peligrosamente a la alopecia, nos sentimos de nuevo tocados por la mano de Dios. Habíamos ganado a un proyecto muy cumbayá desarrollado por jóvenes que tenían toda la pinta de residir en Silicon Valley. ¿En qué consistía el premio?

Bien. El premio consistía en una consola XBox. Es decir, el único valor era emocional.

Tardaríamos en aprender (todo el mundo tarda) que la emoción, aunque es fundamental para dotarte de la energía necesaria para sacar adelante un negocio, no paga a los proveedores ni las nóminas de la empresa (y en esto también podemos incluir otros reconocimientos: haber pasado el filtro de Google, para tal; estar entre los elegidos de Meta, para cual...). Un premio sin dotación económica, es decir, un premio en el que quien lo otorga no arriesga nada es una palmadita en la espalda. Hay que saber en qué vitrina colocarlo con exactitud.

Porque si lo colocas en una vitrina muy elevada, luego caes desde más alto. En este caso, caímos. Teníamos la aplicación lista. Teníamos unos pretest que garantizaban sus mecánicas. Teníamos el reconocimiento de expertos que nos decían que éramos prometedores. Teníamos un contrato con la tele. ¿Qué podía salir mal? Pues tres cosas...

Lo primero que salió mal: no hay métricas

De esto, por fortuna, nos dimos cuenta a tiempo. Por poco, es verdad, pero pudimos reaccionar. Luis Martín Cabiedes, que en España es el mayor experto en el mundo tecnológico, desde la perspectiva de los inversores (o *business angels*, «ángeles inversores»), fue mi profesor de emprendimiento en el IESE. Tres meses antes del lanzamiento del juego, tuve la oportunidad de visitarlo. Menos mal que lo hice, y qué pena que no lo hiciera antes. La conversación no fue exactamente como la siguiente, pero creo que es una buena forma de sintetizarla:

—Ésta es nuestra app, Luis.

—Me gusta mucho. Tiene potencial. ¿Cómo vas a medir su éxito?

—Sí, creo que mola.

—Ya, pero que nos mole o no nos mole no tiene ninguna importancia. ¿Cómo vas a medir su éxito?

—¿Qué?

—Su éxito. Nosotros no somos nadie para saber si va a molar o no. Hay que probarla. Esto es clave. ¿Cómo vas a medir si les gusta a los usuarios?

—Hombre, pues si se la descargan es que les gusta, ¿no?

Luis Martín Cabiedes me mira con rostro de estar viendo un gato con siete patas.

—¿Cuántas apps tienes ahora mismo descargadas en tu móvil? ¿Cuántas usas? ¿Cuántas te gustan? ¿Has escuchado alguna vez el concepto «usuario activo»?

Me pongo blanco. Está bien... Usuario activo. Tendríamos que implementar métricas en la app que indicasen si los usuarios la usaban, cuándo dejaban de usarla, cuándo la usaban con más intensidad. Es decir, necesitábamos muchos KPI de los que pudiera deducirse el atractivo del juego para los jugadores. El problema es que sólo disponíamos de tres meses para incluirlos.

—Y, ojo —añadió Luis—. Más os vale hacerlo bien, porque tenéis pocas municiones. Habéis escogido un deporte en el que sólo hay dieciséis carreras al año. Dieciséis oportunidades de seducir al público. Ni una más.

Salí de aquella reunión notablemente azorado. ¿Cómo que dieciséis oportunidades? ¿Acaso no íbamos a seducir al público desde el primer gran premio? Pero Martín Cabiedes me hablaba con conocimiento de causa. Yo podía ser ingeniero con mi MBA y mi empleo en la gran empresa de telecomunicaciones de nuestro país. Pero hasta ahora sólo me había llenado la cabeza de las cosas buenas que podían suceder, nadie me había contado las malas, las que uno creía imposibles. Sin embargo, había algo que Luis conocía y que aún hoy resulta pintoresco para los mortales que no se dedican al sector tecnológico. Y es que a veces los productos tecnológicos se lanzan al mercado y, sólo entonces, uno descubre que no funcionan. Y ésta fue la segunda cosa que nos salió mal.

Lo segundo que sale mal: corríamos con Marussia

Si conoces algo la industria de los videojuegos, no te sonará extraño el caso de Ciberpunk 2077. Es una especie de San Andreas en un escenario al estilo de la película *Blade Runner* que fue cosechando expectación desde mucho antes de su lanzamiento, hasta el punto de inflar una burbuja de *hype* nunca conocida. Los desarrolladores habían prometido unos gráficos y una experiencia de juego jamás vista. Hubo que esperar ocho años, desde 2012, cuando fue anunciado, hasta 2020, cuando se lanzó tras varios aplazamientos, para que la burbuja explotase.

Una persona acostumbrada a los procesos de producción de cualquier cosa que no sea un crecepelo tendería a pensar que un producto como Ciberpunk 2077, con una financiación descomunal, respaldado por *partners* como Sony y Microsoft y liderado por una empresa, CD Projekt RED, de trayectoria probada, tendría que ser, cuando menos, funcional. Pues bien, no lo fue. O sí lo fue, pero sólo para los usuarios que tenían equipos informáticos de más de tres mil dólares. Los propietarios de una consola PlayStation o XBox, para quienes se había lanzado el juego, fumaron en pipa. Sus máquinas no conseguían mover unos gráficos tan complejos. Todo estaba lleno de *bugs*, errores... El juego se detenía, pasaban cosas raras. Por explicarlo de forma sencilla: no se podía utilizar. Los responsables tuvieron que retirar el juego de las tiendas para anunciar que se trabajaría en mejoras.

¿Cómo es posible que, tras ocho años de desarrollo se lance al mercado un cortacésped que pierde aceite? Pues porque, como dicen los anglosajones, *shit happens*. Porque, a veces, los sistemas de control de calidad no son suficientes. Porque, a veces, el emperador va desnudo y nadie se atreve a decirlo. Porque la huida hacia delante constituye una estrategia común. Se inventan excusas, se ponen parches, se dice que ahora sí que sí. Pero ahora no... Es algo típico en las empresas tecnológicas.

Si piensas que esto no es común, recuerda el momento en que Elon Musk, ¡el mismísimo Elon Musk!, lanza una piedra contra la ventanilla de un Tesla Cybertruck, para demostrar que es irrompible... Y la hace añicos. Si esto le ocurre a Elon Musk en la presentación mundial de un coche que no debería romperse, ¿qué no le podría pasar a 89Bits, con unos recursos infinitamente inferiores?

Mi conversación con Luis Martín Cabiedes me había dado la pista de que no estábamos poniendo el foco en el lugar correcto. Y, además, no estábamos testando el juego con usuarios reales. Tendríamos que esperar a la primera carrera para conocer a nuestro jugador tipo. Y sólo teníamos 16 oportunidades para seducirlo. Es cierto que habíamos accedido a un puñadito de pasta que nos había hecho sentir como triunfadores prematuros. Pero esa pasta daba para lo que daba, y ya se había colocado en su correspondiente partida: contratar colaboradores para hacer nuestro producto. Al final, nos movíamos en el mundo de los juegos *casual*, muy lejos de los triple A (o *blockbuster*). Y en estos sectores siempre se tiene que renunciar a algo: ese algo suele comenzar por los test previos.

De nuestra experiencia con el Perico Delgado, habíamos aprendido que a la gente no tiene por qué gustarle las mismas frikadas que a nosotros. Pero el batacazo no había extinguido la seguridad que teníamos de que nuestras mecánicas funcionaban. Aquellas tablas, estadísticas y tiradas de dados que habían hecho las delicias de los chavales en la piscina de Logroño seguían siendo imbatibles, porque su esencia no caducaba. Por tanto, mientras nosotros estuviéramos estampando nuestro sello de calidad, un juego de gestión deportiva siempre iba a ser una juerga.

Así que, no, no lo testamos. Pero tampoco lo testamos una vez desarrollada la app, más allá de asegurarnos de que no daba errores básicos. La primera carrera del mundial de Fórmula 1, el Gran Premio de Australia, se celebró el 16 de marzo de 2014 en el circuito de Albert Park. Y fuimos a ciegas.

Los miembros de 89Bits nos reunimos en mi casa para el gran momento. Por supuesto, pensábamos jugar. Hicimos una apuesta para aumentar la emoción: el que más puntos hiciese, no pagaba la comida. Todo comenzó a pedir de boca. Cada uno escogió su equipo, su estrategia, su piloto. La carrera se lanzó, y nuestra app comenzó a interactuar con los datos en tiempo real. La cosa se movía. Fluía. Era divertida. Hasta que se produjo un accidente, un accidente real en la carrera, porque en Fórmula 1 hay accidentes. Y salió el coche de emergencia.

—¿Alguien ha pensado qué pasa si sale el coche de emergencia?

No hubo respuesta. A partir de ese momento, nuestra app empezó a devolver datos que nada tenían que ver con lo que sucedía en la carrera real. El juego no funcionó. De los dieciséis cartuchos que teníamos para seducir al público, habíamos quemado el primero de la forma más tonta.

E íbamos camino de quemar el segundo si no encontrábamos solución a todos los imprevistos antes del siguiente gran premio. Para lograrlo, había mucho código que picar y muchos parches que implementar. En algo sí habíamos logrado emular a la verdadera Fórmula 1. Los coches tienen toda una pretemporada para desarrollar mejoras, en función de las nuevas normas de cada mundial. Los ingenieros, los pilotos y los estrategas trabajan codo con codo y con una intensidad brutal para sacar el mayor partido al bólido y al talento de su piloto. Aun así, muchas escuderías llegan verdes a las primeras carreras. Y, muchas veces, cuando empiezan mal, no son capaces de corregir la trayectoria y tienen que dar la temporada por perdida. Antes de tirar la toalla, dan palos de ciego con intentos erráticos de corregir errores entre circuito y circuito. Algunos equipos tienen más posibilidades de enmendar el problema, claro, si van sobrados de pasta y de talento. Otros acaban por resignarse a que su objetivo no es ganar el mundial. Será el podio. O ganar un gran premio. O, en el caso de las escuderías más pobres, como la extinta Marussia, sencillamente, terminar cada carrera.

Pero la gran bofetada te la pegas cuando crees estar en Ferrari y ves que tu coche rinde poco mejor que un Marussia, que era la escudería *low cost* de aquellos años. Esto fue lo que le pasó a Alonso. Aquella temporada veías la frustración reflejada en el rostro del piloto, de los ingenieros, de los mecánicos, del director de equipo. Fracasaban en un gran premio, trabajaban contra reloj para corregir el rendimiento, llegaba la siguiente carrera y... el coche seguía siendo un Marussia.

Vamos a dejar de ocultarnos tras las metáforas deportivas.

Como habrás podido adivinar, Marussia, ¡ay, Marusiña!, era yo. En aquella temporada en que estrenamos el juego Pitlane Manager, trabajamos como locos para conseguir que la app se adaptase a todos los imponderables que pueden darse en una carrera de Fórmula 1. No lo conseguimos. La app nunca funcionó de forma fiable. Teníamos 16 oportunidades, pero, tras tres carreras perdidas, ya nos faltaba algo importante: la confianza del usuario, a partir de la cual comienza el boca a boca tan necesario para el crecimiento orgánico de un producto tecnológico.

Sí, te estoy hablando de crecimiento orgánico, o viralidad, si lo quieres llamar así. En aquel momento creía que existía, y ésa es otra de las cosas que discutiremos largo y tendido en este libro. Porque el tercer error que cometimos fue despreocuparnos de la adquisición.

Lo tercero que sale mal: ¿dónde está la artillería?

Si me dices que eres amigo del Ratón Pérez y que te ha contado que todo su éxito en la industria de la gestión de residuos dentales se debe al crecimiento orgánico, no sabré decir qué es más falso: tu amistad con el mitológico ratón o lo del crecimiento orgánico. La diferencia es que nadie creería la primera, mientras que cientos de proyectos empresariales quieren sostenerse sobre la segunda. No quiero adelantar contenido que luego detallaremos en capítulos posteriores. Sólo diré que un proyecto serio no se lanza al mercado sin una estrategia de adquisición. Y nosotros no la teníamos.

O sí la teníamos, pero resultaba insuficiente. Otra ingenuidad de los emprendedores es considerar que todo *partner* va a estar dispuesto a implicarse tanto como ellos, independientemente de su nivel de compromiso contractual (o económico). No es extraño encontrar, por ejemplo, distribuidores de bebidas *premium* que logran un contrato con un local de moda y se piensan que el barista de turno va a estar dispuesto a llenar sus cuentas de Instagram de vídeos haciendo cócteles con sus bebidas... sin ningún cargo adicional.

En nuestro caso, esta posición no era tan ingenua. A fin de cuentas, habíamos firmado un contrato con Movistar, la cadena que emitía la Fórmula 1 y que en aquellos años contaba con 1.882.000 abonados. Movistar competía con Antena 3 ofreciendo exactamente el mismo espacio, pero de pago. Es decir, Movistar dependía de todo el valor que pudiera añadir para que los televidentes escogieran su retransmisión, en lugar de la retransmisión en abierto. Que no hubiera publicidad era el mayor aliciente. No soportar al equipo de Antonio Lobato, que muchos aficionados detestaban, era otro. Pero, más allá de eso, nosotros suponíamos que cualquier ingrediente que Movistar pudiera aportar acrecentaría la fidelidad de los espectadores. Un juego de doble pantalla, tecnológico, sexi, nos parecía un valor añadido indudable. Ellos se beneficiarían de que a nosotros nos fuera bien. Por lo que dimos por sentado que se hablaría de Pitlane Manager en todas las retransmisiones. Siempre que los locutores tuvieran la oportunidad, meterían una cuña más o menos como la siguiente: «Y si estás disfrutando de la carrera, ¿te imaginas poder competir? Con Pitlane Manager, nuestro videojuego de Fórmula 1, conviértete en un jefe de escudería y participa en tiempo real en este y todos los grandes premios, porque... [blablablá]».

Pues bien, los locutores mencionaron Pitlane Manager una vez. Una sola vez. En unos entrenamientos libres. No se había previsto otra forma, más allá del boca a boca, de incrementar la adquisición.

Tal y como nos había recomendado Luis Martín Cabiedes, habíamos logrado implementar métricas de usuarios activos. Francamente, casi hubiera preferido no hacerlo. Nunca tuvimos a más de unas doscientas personas conectadas a Pitlane Manager. Y no sé por qué lo hacían, dado que el juego no funcionaba.

Visto a toro pasado, el paralelismo con la experiencia de Fernando Alonso en Ferrari me parece evidente. En 2014, el asturiano no ganó ninguna carrera, y acabó sexto en el campeonato. Un trago difícil cuando tu objetivo es el primer puesto. Igualmente, parecía que nosotros lo teníamos todo de cara, pero había muchos elementos ocultos esperando a truncar el éxito. Todo se resumía en que el coche no era competitivo, pero no lo veíamos así. Por mucho que nos esforzamos en reconducir la situación, quemamos nuestros dieciséis cartuchos uno tras otro. Mucho antes de disparar el último, ya nos habíamos resignado: ése no era nuestro «mundial». Habría que empezar de cero con otra «escudería».

Conocimiento y autoconocimiento

Y esa «escudería» era el fútbol. Siempre lo había sido. Tras nuestro tropezón con la Fórmula 1, aún podía agarrarme al clavo ardiendo de que aquello no era más que un ensayo general, porque el objetivo radicaba en testear un juego que luego exportaríamos a la liga. Ése era el plan desde el principio, y debía convencerme de ello. A fin cuentas, estábamos en España. Aquí ofrece más retornos patrocinar al Tomelloso que a un campeón mundial de lanzamiento de peso. Y dentro de mi mente iban resonando todos esos lemas que uno ha escuchado cientos de veces en el mundo del emprendimiento: se aprende más de una derrota que de cien victorias, no importa lo lento que vayas, siempre y cuando no te detengas, porque el avión despega con viento en contra, y blablablá.

De la experiencia con Pitlane Manager había obtenido, eso es cierto, un aprendizaje valiosísimo. Habíamos parido una idea lo suficientemente prometedora como para obtener financiación, pero también nos habíamos dado cuenta de que con la idea no bastaba. Si no la hacías funcionar, si no era suficientemente atractiva, si no invertías esfuerzos en la adquisición..., pues te la comías. Pero, además, habíamos aprendido cosas más allá del propio negocio. Habíamos aprendido cosas sobre nosotros mismos. El emprendimiento nos había sometido ya a una exigencia intensa, los subidones del éxito y los bajones del fracaso. Ya no era un juego de piscina. Habíamos asumido que no nos íbamos a ganar la vida únicamente con diversión. Uno no sabe cuánto desea llegar al final del camino hasta que se encuentra en marcha, sangrando por los pies y con las pulsaciones desatadas. En resumen: tras Pitlane Manager, yo sabía que quería seguir. Pero Adolfo descubrió que aquello no era lo que le apetecía.

Con una carrera muy prometedora en Scati, empresa de videovigilancia, él sólo continuaba en el mundo de los videojuegos para divertirse, probarse a sí mismo, hacer algo memorable... Pero, con la práctica, se convenció de que no quería hacer de ello su profesión. No podía comprometerse a dedicar las horas que el objetivo demandaba. Mientras, yo me había tomado una excedencia de mi bien pagado empleo para sacar la empresa adelante, porque quería convertirlo en mi forma de vida. La disonancia entre socios es algo más viejo que la tos, y no hay culpables. El emprendimiento, como cualquier decisión en la vida, también es un camino de autoconocimiento. Como ser padre: por mucho que te hablen de ello, hasta que no te ves dando biberones y limpiando caca a las tres de la mañana, no te haces a la idea de si es lo tuyo. Pero, en el emprendimiento, a diferencia de en la paternidad, puedes elegir continuar o detenerte. Repito lo que dije antes: el mundo no está esperando a que lo salves con tu *start-up*. Por eso, Adolfo tomó la decisión de abandonar 89Bits. E hizo lo correcto, fue la misma decisión que yo tomaría un año después. Como no podía dedicarse a tiempo completo, dejó paso a otros perfiles que contraté para ocupar su puesto. Y, aunque lamenté no tenerle a mano, por su apoyo moral y técnico, siempre pude contar con él con una simple llamada.

Sustituí esa pérdida aumentando el equipo. Me quedaba algo de los 50.000 euros de la App Cup de Microsoft, tenía el apoyo de Wayra y lo tarifado a Movistar por Pitlane Manager. Para construir nuestro «mánager de fútbol» en tiempo real ya disponía de una estructura de empresa más profesionalizada, con programadores de *back end* y *front end*, y diseñadores de mecánicas que al mismo tiempo me servían de *testers*. Así establecía una relación mucho más racionalizada con el trabajo, dejando atrás la emoción de la amistad, eso sí, pero mucho más centrada en el éxito del proyecto.

Porque esta vez no podía haber errores. Y no los iba a haber, por mis narices. 89Bits no iba a ser Marussia. Y, para ello, el plan consistía en anticiparse a todo.

Jugamos como nunca; perdimos como siempre

¿Recuerdas los tres errores que cometimos con Pitlane Manager? Nada de eso iba a volver a suceder. Ahora que yo supervisaba el proyecto de extremo a extremo, había sellado un compromiso personal..., como en esas pelis de venganza que protagoniza Liam Neeson.

Si en Pitlane Manager tuvimos que implementar a prisa y corriendo métricas para conocer el comportamiento de los usuarios, en esta ocasión las incorporamos desde el principio. Fue lo más sencillo, tan sólo necesitamos incorporar modelos ya existentes.

Dado que íbamos a poder monitorizar al detalle cuánto gustaba este juego, más nos valía conseguir que gustase mucho. Ya no confiábamos en aquellas dotes naturales para generar mecánicas de simuladores de gestión deportiva, que encandilaban a nuestros primigenios jugadores. Ahora teníamos que poner a prueba esas mecánicas antes de llevarlas a la pantalla. Someterlas a test.

¿Cómo lo hicimos? De una forma no demasiado tecnológica. En realidad, aquellos test supusieron un poco el regreso a la toalla de la piscina, con nuestras tablas operadas de forma manual y las decisiones de los jugadores cantadas de viva voz. En un gestor de fútbol en tiempo real, al contrario que en Fórmula 1, no dispones de sólo dieciséis cartuchos, sino de cientos de oportunidades para saber si gusta o no. Hay partidos todos los días. Pretemporada, mundiales, Juegos Olímpicos, Champions, Ramón de Carranza... A la hora de probar las mecánicas podíamos incluso haber recurrido al fútbol alevín. No fue necesario. Cada vez que se celebraba una jornada de fútbol televisada, la que fuera, metía en mi casa a un grupo de chavales a los que invitaba a *pizza*. Muchos de ellos eran conocidos, otros eran conocidos de conocidos. Yo les explicaba las opciones que tenían como jugadores, sólo que, en lugar de introducirlas en una app, que aún no existía, me las decían a mí. Yo las registraba en una hoja de Excel en la que también figuraban los datos reales de los encuentros. Es decir, estábamos haciendo la simulación de un simulador.

A partir de los comentarios de estos *testers*, recopilé un *feedback* muy valioso. Sobre todo, aprendí a simplificar el juego, quedándome con lo que más sentido tenía, como cuando reduces un guiso a fuego lento. Pero, además, conseguimos hacer acopio de confianza. En aquellas sesiones de fútbol, *pizza* y Excel, la gente lo pasaba bien.

Y en cuanto a la artillería, también estábamos más tranquilos. Habíamos encontrado un *partner* idóneo: el diario *As*. En aquel año acumulaban 772.000 lectores diarios. Cuando les presentamos nuestra idea de una especie de Liga Fantástica o de Futmondo, con la que se podía interactuar en tiempo real, mientras se desarrollaban los partidos de la jornada, inmediatamente quisieron estar dentro. Y no deseaban simplemente figurar tangencialmente, como Movistar. No, el diario *As* buscaba un filón para mejorar sus ingresos. Bien es conocida la crisis de la prensa y su problemática relación con lo digital. También los periodistas buscan nuevas maneras de añadir valor y cobrarlo. Prometieron aportar una masa de entre 40.000 y 80.000 usuarios. A mí, los ojos me hicieron chiribitas, cómo no. Acordamos un reparto equitativo de beneficios. Y arrancamos.

Así nació As Match Day La Liga. Un nombre larguito, pero que recogía todo lo que tenía que recoger. Y ahí nos vimos, un 23 de agosto de nuevo enganchados a la doble pantalla. Para constatar que, esta vez sí, el juego funcionaba a las mil maravillas.

La Liga 2014-2015 acompañó. Fue una temporada emocionante, en la que el Barça ganó sólo por dos puntos al Madrid, y Messi y Cristiano brillaron de forma estratosférica. Eso garantizaba tener a miles de aficionados pendientes de los partidos. ¿Qué pasó con las métricas de As Match Day La Liga? Hay una noticia buena y una mala. La buena es que la tasa de retención de usuarios activos, diez meses después, era del 10 %. Diez de cada cien usuarios que lo habían probado seguían jugando As Match Day La Liga tras casi un año de competición. Esto es estratosférico. Las cifras de cualquier app no suelen superar el 1 o el 2 % a los 30 días. ¿Qué significa esto? Que el juego molaba. Sí, molaba. Incluso molaba mucho. La peña se enganchaba y quería jugar otro fin de semana más.

La mala noticia es que, cuando hablamos de ese 10 %, hablamos de cuatrocientas personas. Ésa es la triste realidad. Eran unas cuatrocientas porque las descargas apenas llegaron a las cuatro mil. A pesar de contar con el apoyo del diario *As*, y de que ellos también buscaban un éxito económico, no consiguieron convencer a sus lectores de que se descargasen As Match Day La Liga. Habían prometido entre 40.000 y 80.000 usuarios, pero los resultados estuvieron muy alejados de eso. Los motivos son difíciles de analizar. Quizá los jugadores habituales preferían las fórmulas de siempre, sin tiempo real, como Futmondo. O quizá la entrada de competidores, como Golden Manager, con la prescripción y la financiación de Gerard Piqué, nos quitaron una buena tasa de usuarios.

El caso es que ahí está el dato para que me mortifique, mastique, trague, trague, mastique: terminada la temporada, nuestros beneficios eran ridículos. Ni siquiera cubríamos costes. Los ingresos no llegaron a 500 euros.

Habíamos jugado como nunca. Habíamos perdido como siempre. Me había tomado como un reto personal ser capaz de generar un producto funcional. Y lo había conseguido. Pero el retorno no valía la pena. No me había preparado para monetizar un producto de éxito.

Cuando vi acercarse esta catástrofe (pues, por mucho que la retención de usuarios fuera muy bien, desde el principio veíamos que, con esa masa de descargas, los números no daban), me moví como pude para buscar una conversión del juego. Tenía un producto que gustaba, y podía demostrarlo. Mi único problema era el de la adquisición de usuarios, para lo cual había confiado en un tercero, y que no me estaba dando resultados. Busqué patrocinadores, busqué anunciantes, busqué nuevos *partners*. Incluso me puse en contacto con la competencia, por si querían comprar mi app antes de desarrollar la suya. Pero todo fue en vano. No encontré modelo de negocio posible.

Al terminar la temporada, el diario *As*, tan decepcionado como nosotros con los resultados, decidió no seguir apostando por As Match Day La Liga. El haber logrado un producto meritorio fue un pobre consuelo para mí. Había invertido muchísimo tiempo en él, mi carrera profesional ya empezaba a resentirse. No podría prolongar aquello mucho más.

Estaba muy cerca de tocar fondo. Se me había roto la brújula y estaba perdido. No podía aplicar a esta situación nada de lo que me habían enseñado en mi máster. Y lo peor es que se me notaba. El *burnout* que sufría era palpable. Tenía la sensación de haberme convertido en el «pesadito del videojuego». Y esto me estaba impidiendo disfrutar de mi situación familiar, con una niña pequeña y otra en camino, pues no podía parar de pensar en mis problemas como emprendedor para centrarme en ese precioso momento que vivía.

Quizá debería de haberlo dejado ahí. Echar la persiana. Pero entonces, como en las pelis de Hollywood, se presentó una última oportunidad. La mejor de todas las que había tenido hasta el momento.

A hombros de gigantes

Ya he contado antes que, cuando ganamos la App Cup de Microsoft, la escalabilidad del negocio había pesado mucho en el éxito. Desde el principio teníamos pensado un modelo que nos llevase del automovilismo al fútbol y terminase en la NBA. A esas alturas yo no confiaba en llegar al tercer peldaño tras los tropezones que me había dado en los dos primeros. Y, sin embargo, ¡qué narices!, tras As Match Day La Liga, tenía un buen producto que había demostrado capacidad de *engagement*, jugabilidad y buenas críticas. Así que un día decidí completar el camino propuesto y presentar mi trabajo a los delegados de la NBA.

Su respuesta fue muy entusiasta. Probaron la app y se divirtieron como niños. No tenemos nada como esto, decían. Sólo con oír ese *feedback*, todo el *burnout* desapareció.

La oferta fue generosa. Me daban la licencia por 50.000 dólares. Era el precio por utilizar la marca NBA, con sus equipos y jugadores, en mi videojuego. Por poco más de lo que cuesta un Volkswagen, tenía acceso a un mercado internacional con millones de fanes del mejor baloncesto.

Vale, es cierto, tras los fracasos en la monetización de los dos últimos juegos, las arcas de 89Bits estaban vacías. Cuando digo vacías, digo a cero. Pero, con esta oportunidad de negocio, ¿cómo no iba a conseguir un inversor que me financiase el proyecto? Era un caramelo. Con conseguir cien mil euros sería suficiente para desarrollar el juego: cincuenta para la licencia y otros cincuenta para marketing y nóminas. Y esta vez con un plan de negocio inteligente, de forma que los retornos llegaran pronto.

Esto me introducía en un nuevo reto que no había afrontado hasta el momento, pero que, tal y como se deducía de toda la «literatura del emprendimiento» que consumía en aquella época, tenía que estar chupado. Me refiero a que tenía que iniciar una ronda de financiación.

Y para allá que fui. A ciegas. Pensando que esas cosas no necesitaban también de su pericia.

Una ronda de financiación, sobre el papel, es una cosa bien sencilla. Más adelante, en el capítulo sobre el *venture capital* («Quinta mentira: no necesitas ser rentable si tienes financiación»), te detallo el proceso. Yo me encontraba en la fase de hallar un *business angel* (o *angel investor*), vamos, un inversor, es decir, una persona que se dedica profesionalmente al *seed finance*, inversiones de riesgo en *start-ups* nacientes. La importancia del *business angel* no es tanto por el monto que invierte, sino por los inversores que atrae, como moscas a la miel. Su visto bueno es como una prescripción para otras personas que tienen un dinerito y buscan el milagro de los panes y los peces. Eso, si no desaparece.

Hola, ángel

El candidato apareció muy pronto. Un inversor conocido, con gran experiencia y reputación, cercano al mundo del deporte y al tecnológico, a partes iguales. Había ayudado a levantar *start-ups* bastante sólidas. Era el inversor ideal para 89Bits. Tenía una gran oficina en el paseo de la Castellana, a muchos metros de altura, con unas vistas que te hacían soñar con rozar el cielo. Pensé que desde ahí tenía que escucharse rugir al público del estadio Santiago Bernabéu los días de partido. En aquella primera reunión expuse la oportunidad al supuesto *angel.* No dudó en prometer 25.000 euros y ejercer su liderazgo en la ronda de financiación, lo que atraería a otros muchos inversores. Salí de allí tranquilo, como no podía ser de otra manera, porque lo que yo ofrecía, joder, era un puntazo: la NBA, tío..., Lebron, Gasol, Kobe... Así que ni cerré plazos, ni impuse límites, ni pedí nada por escrito, ni hice otras cosas que quien haya pasado por esto sabe que hay que hacer.

El entusiasmo del inversor fue declinando de forma notable en las siguientes reuniones. Hasta que, en la cuarta, propuso algo que despertó todas mis sospechas. Me enseñó otro juego, muy distinto al que yo había ofrecido y que tanto había gustado a la NBA, y me dijo: «¿Y por qué no hacemos algo así?». Por supuesto, mi respuesta fue: «Porque el juego que tenemos es el que es, es el que funciona, es el que ha gustado a los americanos». El otro asintió, claro. Pero su actitud manifestaba una absoluta desconfianza en lo que yo tenía en mente.

Lo que vino a continuación fueron semanas de descarado *ghosting.* Yo enviaba correos electrónicos y hacía llamadas que no obtenían respuesta. Lo hacía cada vez con mayor frecuencia, y cada vez con más angustia, en tanto el plazo para pagar la licencia de la NBA se acercaba peligrosamente a su fin.

Un buen día abrí mi correo electrónico. No sé qué esperaba encontrar, quizá un e-mail de disculpas con un compromiso escrito de que la transferencia iba a ejecutarse en un plazo inmediato; o quizá una excusa seria que justificase una retirada de la operación. Pero no. La bandeja de entrada estaba de nuevo vacía. Y ése fue el punto de no retorno.

Entre mis familiares y amigos había recaudado unos sesenta y cinco mil euros. Suficiente para pagar la licencia de la NBA. Supongo que, de no haber pasado por lo que había pasado hasta entonces, quizá habría emprendido una nueva huida hacia delante, como tantos fundadores de empresas aferrados a su sueño. Pero, pensándolo con sensatez, si pagaba cincuenta mil a la NBA, ¿qué coño iba yo a hacer con quince mil para promoción y nóminas? Nada.

Así que tiré la toalla. Aquella operación, que parecía sencilla y que había dado por hecha, ni había resultado sencilla ni estaba hecha en absoluto.

Renuncié al proyecto de la NBA. Y, con ello, le apliqué una merecida muerte digna a 89Bits. La persiana se cerraba.

Entré en el paritorio para asistir al nacimiento de mi segunda hija mientras negociaba el despido de Jorge, mi más fiel empleado, que llevaba conmigo desde casi los inicios. Me sentía como un absoluto fracasado, un completo gilipollas.

Volviendo a la primera página de este libro, aquí me tenéis: tragando agua en el Atlántico tras haberme estampado contra un iceberg invisible. Lo cual viene a demostrar dos cosas. La primera, la que he dicho: que este libro, al contrario que muchos otros, no lo escribe un superviviente. La segunda: que las lecciones aprendidas son las de quien verdaderamente ha tocado fondo. En ningún sitio se reflexiona como en el final del abismo. De estas lecciones te quiero hablar a partir de ahora.

Aquí empieza lo bueno.

2

Primera mentira: la idea es todopoderosa

En el principio fue el Verbo y, después, el hermano de Homer

San Juan inicia su Evangelio con el famoso versículo 1,1 y los dos que le siguen: «[1] En el principio existía el Verbo, y el Verbo estaba junto a Dios, y el Verbo era Dios. [2] Él estaba en el principio junto a Dios. [3] Por medio de él se hizo todo, y sin él no se hizo nada de cuanto se ha hecho».[3]

O sea, en el principio sólo había una voz de mando, que se identifica con Dios (el Verbo o la Palabra). Y Dios tuvo la idea de decir «hágase», y las cosas se hicieron. Una idea bastó para armar todo este tinglado en el que ahora metabolizamos personas como tú y como yo.

Según el *Diccionario de la Real Academia Española*, el primer significado del término *verbo* es «sonido o sonidos que expresan una idea». Eso: una idea.

Es decir, que desde hace miles de años, desde el Génesis nada menos, se nos dice que quien tiene una idea puede generar todo un universo.

3. Juan 1,1-3, *Sagrada Biblia. Versión oficial de la CEE*, Conferencia Episcopal Española, 2016.

A ver cómo te convenzo yo ahora de que esto es una patraña.

La gente de mi generación tiene otra «biblia» en la que confía tanto o más que en la cristiana: *Los Simpson*. Me gusta mucho un episodio de la tercera temporada que cuenta la historia del renacimiento económico del hermano de Homer.

Homer, en la temporada anterior, descubre que tiene un hermano secreto, Herbert. Cuando se encuentra con él resulta ser un acaudalado magnate de la industria del automóvil, que bucea en dólares. Lo único que le falta es el amor de una familia. Por eso, Herbert adopta a los Simpson como foco en el que volcar todo el cariño que guardaba. Se hace llamar tito Herb, y empieza a agasajar a Bart, Lisa y Maggie con todo tipo de regalos, convencido de querer compartir con ellos su vida de millonario. Descubre el ocio, la vida familiar, y, mientras tanto, otorga a Homer confianza ciega. Le encomienda el diseño de un nuevo modelo de coche destinado a la clase media trabajadora estadounidense, porque ve en su hermano, con su empleo, su barbacoa, su barriga y su rutinaria vida, el más fiel reflejo de este estrato social. No hace falta decir que las aportaciones de Homer resultan delirantes: «¿Sabéis de esa pelotita que se pone en la antena para reconocer el coche en el aparcamiento? Todos los coches deberían tener una». Y Herbert, que ha delegado en él la dirección del proceso, a pesar de las advertencias de su equipo, queda abocado a la más estrepitosa bancarrota.

Años después (sea como sea que pasa el tiempo en *Los Simpson*), en el episodio «Hermano, ¿me prestas dos monedas?», de la tercera temporada, encontramos a Herbert en el arroyo. Es un desharrapado que se ata los pantalones con una soga, lleva mitones y comparte un fuego donde calentarse con otros desdentados. Sin embargo, en uno de los más grandes monólogos de la serie, declara: «Todo eso ya es pasado. Porque esto es América. Y en América nunca está acabado nadie mientras tenga cerebro en la cabeza. ¡Porque lo único que se necesita es tener una idea!».

Así que Herb se esfuerza en pensar y pensar y pensar. Hasta de que pronto la idea surge, inspirada por una tierna mamá que no entiende qué quiere su recién nacido. Herbert, de nuevo ante los sintecho, reflexiona: «Os aseguro que lo único que hace falta es una idea. Y yo tengo una idea». Evidentemente, le responden: «¿Y sigues siendo un vagabundo?». Contra esta pregunta, Herbert enuncia la primera verdad que se oculta tras este nocivo mito; escribámosla con letras de oro: «De acuerdo. Hacen falta dos cosas. Una idea y dinero para ponerla en práctica».

Es decir, que la idea goza de muy buena reputación en el ecosistema del emprendimiento. Pero no nos engañemos. Esto de emprender no es esa utopía democrática en la que cualquiera con tesón y talento lo tenga tan fácil como un rico heredero. Mira a los grandes triunfadores de Silicon Valley, como Bill Gates o Elon Musk. ¿Cuántos provenían de clases trabajadoras? ¿Quiere esto decir que los ricos siempre tienen mejores ideas?

Y esto no se queda aquí. Entender que una idea debe estar respaldada por dinero para hacerse realidad es algo obvio. Pero no es lo único. Para que una idea triunfe hace falta que una cantidad descorazonadora de astros se alineen en el firmamento. En mi relato del fracaso al timón de 89Bits ya te expliqué unas cuantas condiciones. Que la idea, efectivamente, sorprenda; que responda a una necesidad; que se pueda monetizar, etcétera. Una prueba de que triunfar con una idea de negocio no es tan sencillo como lo pinta el relato es que, quienes lo han logrado, quienes han vendido su *start-up* por un chorro de millones a Google, prefieren no montar otra. Lo más habitual es que tomen lo ganado y lo inviertan en proyectos ya emprendidos, en lugar de arrancar uno desde cero. ¿Por qué? Porque ya saben lo mucho que duelen las heridas del camino hacia el éxito y dicen: «Qué demonios, que lo monte otro». Jensen Huang, fundador de Nvidia, ha dicho: «Si tuviera que hacerlo todo otra vez, no montaría una empresa». Daniel Ek, fundador de Spotify, se ha referido al emprendimiento en términos semejantes. Valgan ambos como ejemplo de que el camino a la cima no es tan bonito como una taza de Mr. Wonderful: es mejor meter dinero en veinte intentos de veinte emprendedores ajenos que volver a la casilla cero a protagonizar otra aventura. Apenas hay *serial entrepreneurs* con éxito.

Además de las dificultades naturales, para que una idea triunfe, es decir, para que tu *start-up* no sea una de esas nueve de cada diez que no sobrevive al tercer año de existencia, hay que confiar en algo mucho más vaporoso: la suerte.

Yo creo que hay cuatro tipos de buena suerte; tres de ellas no son aleatorias: la buena suerte que proviene de tu persistencia, la que proviene de saber detectar la oportunidad y la que proviene de haberse forjado una reputación. Pero existe también un azar imposible de controlar que determina todo; algo tan imponderable como haber nacido en Occidente y no en un pueblo de Sudán, por ejemplo, o haber llegado a los treinta años de edad sin que te haya caído una maceta en la cabeza.

En este capítulo vamos a extendernos un poco más en analizar cómo sobrevaloramos las ideas, qué casos han hecho que este meme cobre más relevancia, cómo podemos superar ese mito y qué hacer para aprovecharnos de este conocimiento. Si tuviera que resumir todo lo que te voy a contar en una sola máxima, sería la siguiente: *enamórate del problema, no de la idea.*

Sé que ahora esa máxima puede sonar algo críptica; pero espero que al terminar el capítulo no sólo se comprenda, sino que, además, se comparta.

El ritmo del garaje: cuando crees en creer en la idea

Yo creía en la idea. Más que creer en la idea, *creía en el poder de creer en la idea.* Todos aquellos juegos que habían reunido a chavales logroñeses alrededor de nuestras toallas en la piscina eran excelentes ideas. Y habían sido paridas por nuestros cerebritos, sin más ayuda. Por eso, cuando se nos ocurrió un juego homenaje a Perico Delgado, creímos en la idea. Porque creer en la idea es dogma de fe. Y nada nos había descabalgado de aquel caballo. De hecho, en 89Bits, las ideas eran el único motor. No existía iteración, ese valioso pero laborioso proceso por el cual se persigue la mejora a base de mínimos pero continuos ensayos para detectar todo tipo de errores. No contemplábamos más opiniones que las que salían de nuestra intuición. ¡En el caso de la Fórmula 1 ni siquiera habíamos pensado en medir la fidelidad del usuario!

¿Para qué? El usuario sería fiel porque la idea era cojonuda. Y lo que cuenta es la idea, ¿no?

Podría incluso describir la imagen que representa este mito de la idea. Una única foto que explica hasta qué punto se ha llegado a popularizar el meme de que una idea puede hacerte más grande que los Beatles.

Esa foto sería la siguiente: un garaje.

Ese garaje norteamericano de una casa unifamiliar, en el que unos adolescentes deciden montar, sin más recursos que el espacio cedido por sus padres, una empresa de software. Podrían haber instalado un Scalextric o los instrumentos para ensayar con una banda de *rock*, pasatiempos, diversiones... Pero no, el hombre del futuro se dedica a la productividad incluso en los momentos de mayor inmadurez de su vida, exprimiendo el jugo de cualquier fruta que se ponga a mano.

El mito del ingeniero que saca adelante su gran idea en un garaje, protagonizado por Bill Gates o Steve Jobs, está muy vigente en nuestros cerebros. El garaje en el que Hewlett-Packard (HP) se fundó en 1938 ha sido declarado lugar de peregrinación, pues se dice que ahí comenzó Silicon Valley. Incluso el cine alimenta el mito del garaje. Hay una película muy friki —tan friki que los ingenieros solemos presumir de que la entendemos, mientras el resto del mundo no— que se titula *Primer* (2004), dirigida por Shane Carruth, en la cual unos jóvenes emprendedores inventan por accidente una máquina del tiempo en un garaje.

Hemos visto otras narraciones épicas llevadas a la ficción. Por ejemplo, en *La red social* (2010), de David Fincher, un Mark Zuckerberg superdotado, que viene de liarla parda con una página para valorar lo buenas y buenos que estaban sus compañeros de universidad, detecta el potencial de una idea que le dan dos gemelos vigoréxicos y la convierte en uno de los mayores unicornios que jamás serán creados.

Este «síndrome del garaje», que podríamos describir como ese espejismo de que cualquiera que tenga un garaje donde desarrollar una idea puede contar con convertirse en millonario, tampoco es algo que se haya iniciado con las nuevas tecnologías.

El mito del científico extravagante, del inventor loco o del creador incomprendido tiene mucha responsabilidad en ello, y existe desde hace siglos. Mientras Edison se apropiaba de toda patente que tenía a mano, incluso sin saber ni para qué podrían servir (como dicen que ocurrió con el fonógrafo), Tesla malvivía haciendo representaciones circenses, porque «le habían robado sus ideas».

Tampoco es algo exclusivo de la ingeniería. Tengo un amigo metido en el mundo literario. Cuenta historias graciosas de personas con vocación por las letras que registran en la propiedad intelectual incluso textos que escriben para talleres literarios, por si alguna editorial roba la idea de un relato de media página para que alguien escriba un bestseller. Mi amigo dice, pero, chaval, ¿quién te va a copiar? ¿Crees que Arturo Pérez-Reverte se ha forrado porque un día se levantó con la idea de escribir una novela de espadachines? No, hombre: cualquiera puede tener la idea de escribir una novela de espadachines. De ahí a escribir *El capitán Alatriste* media un océano.

Todos sabemos qué es *El Mundo Today*. Todos amamos ese medio, todos nos hemos reído, hemos compartido y vuelto a compartir alguno de sus geniales titulares que se viralizan sin remedio, porque tienen que viralizarse. Vamos a pensarlo: ¿cuál es la idea de *El Mundo Today*? ¿Noticias falsas de guasa? ¡Pero si eso es más viejo que la tos! *El Jueves* lo hacía en los años noventa, sin ir más lejos, con una sección que se llamaba «Manda güevos» [sic]. Es más, tal y como cuentan los fundadores de *El Mundo Today*, cuando todavía eran un blog que se aprovechaba del crecimiento orgánico, un día los citó un señor muy importante de un grupo editorial hegemónico. Les propuso que trabajaran para uno de sus medios. Cuando contestaron que no, que estaban bien como estaban, el señor importante les respondió que ojo, que esa idea que habían tenido era muy fácil de copiar. La respuesta de los chicos de *El Mundo Today* fue: «Vale, adelante, copiadla».

¡Era imposible hacerlo! *El Mundo Today* es cero por ciento idea, cien por cien ejecución y, aun así, creatividad pura. Porque cada titular que escriben es una idea brillante, y eso no se podrá copiar mientras no se pueda clonar un cerebro humano en tiempo real. *El Mundo Today* es un ejemplo de ejecución maravillosa, inspirada, perfecta. Y eso puede parecer fácil..., pero no lo es. ¿Cuántos medios han abierto su sección de noticias absurdas desde que ha triunfado *El Mundo Today*? ¿De cuántos podrías citar su nombre? Pues ya está.

E incluso cuando la idea es buena, redonda, su éxito dependerá en gran manera de cómo se ejecute. Estamos acostumbrados a referirnos a la rueda como el gran invento de la humanidad, cuando no fue tal: las cosas (piedras, frutas, troncos...) ya rodaban cuesta abajo antes de que alguien consiguiera aplicarlo a sus propios fines; el gran invento de la humanidad no fue la rueda, fue el eje. De la misma forma, en 1798, Edward Jenner había inventado una vacuna eficaz contra la viruela, una enfermedad infecciosa que segaba millones de vidas en todo el mundo. Pero este remedio tenía un problema de ejecución: su rápida fecha de caducidad hacía imposible llevar suero en viajes transoceánicos. ¿Qué hicieron los españoles para llevarla a sus castigados territorios de ultramar? En 1803 partió la famosa misión Balmis, liderada por Francisco Javier Balmis con la colaboración de la enfermera Isabel Zendal. En su corbeta llevaban un cargamento muy especial: veintidós niños huérfanos. ¿Para qué los querían? Les irían inoculando la vacuna de dos en dos. De esta forma, los niños desarrollaban síntomas leves de viruela, desarrollando anticuerpos, que les eran inoculados a los siguientes dos niños. Veintidós fueron suficientes para la travesía completa. Los huérfanos desempeñaron el papel de contenedor, sin necesidad de cadena de frío. Hicieron llegar la vacuna a México, Macao y Manila, gracias a una idea que todavía hoy es admirada entre los inmunólogos. De salvar Europa a salvar el mundo entero hay una gran diferencia.

Y esa diferencia está en la ejecución.

Algunas verdades sobre la idea: (I) nunca será sólo tuya

Podríamos comenzar haciendo una distinción. Está «la idea». Ese brutal chispazo único del que surge una visión que motiva la puesta en marcha de una aventura empresarial. Y luego está el flujo de ideas; ideas pequeñas, más rutinarias, menos pirotécnicas, que son fruto de una suma de intuición, inteligencia, experiencia, diálogo y trabajo, y que favorecen la continua toma de decisiones que dan lugar a la ejecución. La idea es montar un periódico de noticias satíricas. El flujo de ideas es el enjambre de descacharrantes titulares y crónicas que publica *El Mundo Today* todos los días. Es este flujo lo que aporta el verdadero valor diferencial al emprendimiento. Es lo que te ayuda a no fracasar. Porque si lo fías todo a la idea, lo fías todo a algo que te han hecho creer que es sólido. Pero no lo es. Voy a intentar argumentar esto último contando algunas verdades.

En primer lugar, si tu idea es buena, no serás la única persona que haya dado con ella. Esto es así. Lo siento. Puedes ser la mente más brillante de tu generación y de tu sociedad. Pero perteneces a una generación y a una sociedad. Esto significa que convives con otros siete mil millones de mamíferos bípedos llamados humanos. Y a diario te golpean los mismos *inputs* culturales y sociales que a toda esa gente que puedes ver cuando te asomas a la ventana. Hablo de una masa de ciudadanos y ciudadanas expuesta a las mismas preocupaciones: la vivienda, la cesta de la compra, la educación de sus hijos, la salud, la democracia, el ocio, la libertad individual... Todos le damos vueltas a lo mismo, todos detectamos las mismas necesidades y todos poseemos un bagaje similar que nos lleva a plantear soluciones más o menos parecidas a esas necesidades. Nuestra forma de operar se parece un poco a la selección natural de Darwin: al final peces (como los atunes), mamíferos (como los delfines) y dinosaurios (como los ictiosaurios) acaban evolucionando hacia formas similares (fusiformes) cuando viven en el mismo medio (el marino). Es lo que se llama convergencia. Otro ejemplo, si quieres que te lo explique de una forma mucho más simplona... Para alcanzar las galletas del estante más alto, todos buscamos algo a lo que subirnos; puede ser un taburete, una escalera o una silla, pero siempre le pediremos que satisfaga las mismas tres necesidades: que sea lo suficientemente alto, que sea seguro y que facilite el ascenso.

Esto pasa en cualquier proceso de innovación. Quien está sumergido en él suele conocer los recursos disponibles para resolver las necesidades diagnosticadas. A fin de cuentas, la creatividad no consiste en otra cosa que en establecer nuevas relaciones entre conceptos ya existentes, relaciones de las cuales surgen efectos innovadores. El éxito de OpenAI con ChatGPT no se debe a que fuera la única empresa a la que se le ocurrió emplear la inteligencia artificial para desarrollar un modelo de lenguaje. Se debe a que fue la primera en lograrlo, a través de un flujo productivo más eficaz que el de las demás. Antes que iPhone existió Palm. Y antes que Palm, General Magic, creada por ¡Apple! La idea de un ordenador de bolsillo, como un smartphone, ya existía en la década de 1960, e incluso en la de 1950, si tenemos en cuenta a los escritores de ciencia ficción. Para que el iPhone triunfara en el mercado hizo falta una colmena de mentes orbitando sobre la misma idea durante más de veinte años.

Piensa también en la ficción. Si ahora nos trae locos la inteligencia artificial, y la posibilidad de que ésta se desboque y acabe por controlar el mundo, a finales del siglo XX, el asunto cultural que nos volaba la cabeza era la generalización de internet y la posible virtualización del mundo (y antes de internet lo fue la electricidad; y antes, el vapor; y antes, la imprenta; y antes, el arado). Entre 1998 y 1999 se estrenaron tres películas de factura absolutamente distinta pero que orbitaban en torno a la misma idea: la de vivir engañados en mundos virtuales. Por cierto, que las tres eran buenísimas, aunque sólo una batió récords de taquilla. Me refiero a *Matrix*, y las otras dos fueron *Nivel 13* y *Dark City* (vale, la premisa de *Dark City* era un poco más analógica, pero me resisto a no mencionarla). ¿Casualidad? Yo prefiero llamarlo convergencia. Y es que todos sus creadores vivían en el mismo lugar y en el mismo tiempo, la sociedad occidental de finales del siglo XX que afrontaba una de las mayores revoluciones industriales jamás conocida (aunque luego hayamos conocido otras dos en sólo veinte años).

Así que, lo siento mucho. No niego que seas una persona brillante. No niego que tu idea sea brillante. Precisamente, como tú eres brillante y tu idea también lo es, lo más probable es que haya otra persona brillante en otra esquina del mundo (o en tu propio barrio) que también la haya tenido.

Algunas verdades sobre la idea: (II) las ideas son para el presente, no para el futuro

Un buen día miras a tu alrededor y contemplas todas esas carretas tiradas por caballos que transportan mercancías y viajeros entre distintos puntos de tu país. Se dispara un chispazo en tu cabeza: ¿y si aplicamos ese invento tan reciente, la máquina de vapor, al transporte terrestre? Encuentras la motivación que necesitas en una taza de Mr. Wonderful, y te pones a trabajar. Consigues la financiación y desarrollas el primer prototipo de una locomotora, que obtiene un éxito de crítica unánime. Con mucho esfuerzo, convences a más inversores. Montas la primera línea de ferrocarril del mundo. Cuando sales a buscar viajeros, descubres con estupefacción que hace diez meses que todo el mundo viaja en coches voladores, como los de *Regreso al futuro*.

Sí. Así es la innovación en el siglo XXI. Va tan rápido que tus ideas pueden quedar obsoletas en el tiempo que tardas en desarrollarlas.

Porque una idea nunca viene sola. La idea cristaliza porque surge algo que la hace posible. Estamos en una era de generación masiva de ideas porque internet (y luego la movilidad) las está haciendo posibles. Una idea, como diría Newton, se alza a hombros de gigantes. Siempre hay algo antes. Antes he mencionado General Magic, que creó el dispositivo precursor del smartphone, diseñado quince años antes de que apareciera el iPhone. ¿Por qué no funcionó? Porque, en este caso, no había gigantes sobre cuyos hombros alzarse. Llegó demasiado pronto. No existían los USB; los chips eran muy lentos; internet iba a pedales. En innovación, encontrar el cuándo es fundamental. Si vas demasiados pasos por delante, serás un pionero, pero no venderás ni un lápiz: nadie entenderá tu propuesta. Sólo una buena bolsa de dinero te dará la gasolina necesaria para mantener tu proyecto vivo hasta que las condiciones le sean propicias. (Éste fue el caso de

Pinterest, que te explicaré más adelante.) Si no la tienes, más te vale evolucionar con tus clientes e ir por delante... pero sólo medio paso.

Para tener una locomotora, necesitas una máquina de vapor. En el caso del coche aéreo, tendrá que construirse un motor antigravitatorio, o a saber qué. Pero en el tiempo que tú tardas en instalar un motor antigravitatorio en un automóvil, otro emprendedor puede haber desarrollado un portal de teletransporte, enviando tu aportación al sumidero (y, con ello, tu inversión).

Pero, un momento, me dirás. Las locomotoras no liquidaron a los caballos, ni el automóvil particular acabó con el ferrocarril. ¿Por qué el teletransporte tendría que terminar con el coche volador? No tendría por qué. Siempre y cuando quienes estén a cargo del desarrollo de esa industria se adapten a lo que necesita el público, busquen nuevos casos de uso, ajusten sus expectativas y modifiquen sus diseños para que el producto haga exactamente lo que el público quiere que haga. El vídeo no mató a la estrella de la radio, simplemente la modificó, como veremos más adelante.

Algunas verdades sobre la idea: (III) todas las ideas nacen en un laboratorio hermético

Y ese laboratorio hermético es tu mente. Tu mente es como una placa de Petri en la que cultivas una nueva especie de bacteria con la que crees que puedes matar al plasmodio y así terminar con la malaria. Mientras la observas en tu microscopio, ya ves las ciudades y plazas más importantes del mundo rebautizadas con tu nombre. ¿Times Square? ¡No! ¡Molina Plaza! El hombre que salvó al mundo del paludismo.

Sin embargo, en el momento en que sacas tu biocreación de ahí, resulta que la radiación solar termina con la bacteria en un suspiro. No te habías preocupado de ajustar tu pequeño bichito, tu idea, a la realidad.

Lo peor de enamorarte de la idea es que te priva del arma más valiosa del emprendedor: la flexibilidad. Esto te lo puedo decir por experiencia. Todo el episodio que cuento en el capítulo

1 trata de mi rigidez a la hora de desarrollar ideas en 89Bits. El juego Perico Delgado, lo planteamos como algo *vintage*, de culto, porque a nosotros nos gustaba así. En ningún momento se nos ocurrió pensar que nosotros, en soledad, constituíamos un sistema cerrado. Si sólo lo hubiéramos hecho para divertirnos, para seducirnos a nosotros mismos y alimentar nuestra vanidad, perfecto: hubiera sido el producto idóneo. Habría sido como esos grupos de culto que sólo graban una maqueta y nunca llegan a producir un disco. Pero uno no implica al auténtico Pedro Delgado en un proyecto sólo para pasárselo bien y grabar una maqueta, ¿no crees?

Lo mismo nos ocurrió con las ideas posteriores. Lanzábamos una tras otra: ciclismo, automovilismo, fútbol, baloncesto... Como quien dispara a discreción para ver qué proyectil da en el blanco. Pero no entendíamos nada de lo que estaba pasando. Vivíamos nuestra actividad hacia dentro; como chicos de ciudad en mitad de la jungla, pertrechados con lo último de Decathlon, pero incapaces de interpretar si una fruta es venenosa o comestible.

No estábamos enfocados en la ejecución. La ejecución, como decía antes, consiste en satisfacer una miríada de necesidades que van surgiendo en el día a día, fruto de la observación del entorno en el que se va a desenvolver tu idea inicial. La buena ejecución implica cambios. Implica, incluso, sacrificios. Implica decir a 99 cosas que no y sólo a una que sí. Implica saber priorizar. Tienes que ser tan y tan flexible que a veces volverás la cabeza y no reconocerás tu idea original en eso que estás haciendo. O en otras ocasiones incluso deberás admitir que tu idea original no sirve para nada, que no hay forma de sacarla adelante por mucho que la adaptes..., y que debes retirarte. Si hasta en Google cierran secciones todos los meses, ¿por qué crees que tú podrás triunfar con esa nueva app de lavanderías a la que nadie está dando respuesta, sin cambiar ni una línea de código?

Un problema grave de este hermetismo es que te crees que la idea es una cosa tuya, exclusivamente tuya, que no admite injerencias. En ese momento, puedes llegar a pensar que no necesitas un equipo. O, si ya tienes ese equipo, lo estarás desaprovechando. Pero la buena ejecución requiere de un flujo constante de ideas para responder a ese flujo constante de retos que surgen en el día a día. Y pocas veces una persona en solitario, especializada en nada, puede afrontar este proceso.

Otro efecto pintoresco es el del secretismo. No le quieres contar tu idea a nadie, porque piensas que te la van a robar. Yo lo he visto en visitas a incubadoras, cuando se hace una introducción entre los *founders* (fundadores de empresas) para hablar de sus proyectos. Hablan con timidez y desconfianza, como si estuvieran exponiendo una maleta con un millón de euros en una calle de un barrio conflictivo. Pero no, cariño, nadie te va a robar esa idea. Porque ninguno de los presentes está enamorado de tu idea: están enamorados de *su* idea, no de la tuya. Y además, como he explicado más arriba, si tu idea es buena, ya habrá alguien en cualquier rincón del mundo robándotela sin saberlo. Al negarte a compartirla, al negarte a explicarla, estás perdiendo la posibilidad de obtener *inputs* muy valiosos por parte de personas tan brillantes como tú. Y, lo que es peor, estás transmitiendo desconfianza en tu capacidad para desarrollarla mejor que nadie. Una manera muy acertada de iterar es escuchar y tratar de solventar las objeciones de los clientes. Si alguna es crucial y no le encuentras solución, quizá toque dar un giro al timón. Porque eso es lo que vale: la ejecución, alma de cántaro.

Algunas verdades sobre la idea: (IV) el amor se rompe de tanto usarlo

Cualquiera que haya visto *Black Mirror* recordará el episodio de la primera temporada en el que, en una distopía claustrofóbica de pasillos cerrados y pantallas, Jessica Brown-Findlay canta lo siguiente:

You can blame me
Try to shame me
And still I'll care for you
You can run around
Even put me down

Still I'll be there for you
The world
May think I'm foolish
They can't see you
Like I can
Oh but anyone
Who knows what love is
Will understand.

Esta canción, titulada *Anyone who knows what love is (will understand)*, compuesta por Jeannie Seely y Randy Newman (sí, el de *Toy Story*), e interpretada originalmente por Irma Thomas sería hoy imposible. Hemos aprendido mucho del romanticismo tóxico como para pensar, como dice la letra, que tolerar que alguien te avergüence y te denigre puede considerarse amor. Con el paso del tiempo, esta canción ha pasado a convertirse en un *thriller*, un poco como *Every breath you take*, de Police. Que hay amores que matan es una verdad demostrada. Aunque quizá no haya que llamarlo así: amores.

Lamentablemente, esta certeza no ha sido trasladada aún al contexto de las ideas y del emprendimiento. Me vas a permitir la frivolidad de comparar ambas cosas (la primera, muy seria, trágica, me sirve para explicar la segunda de forma ventajista). Pero el hecho es el siguiente: los emprendedores corremos el riesgo de enamorarnos de nuestras ideas. Y una idea de la que te has enamorado suele ser, en la mayoría de los casos, tóxica.

Cuando te enamoras de una idea, el laboratorio de tu mente donde ésta se fragua se vuelve más hermético todavía. Y suceden dos cosas: que sobredimensionas el *feedback* positivo e ignoras el negativo. Para aquellos que, como dice la canción, «*May think I'm foolish*», siempre hay un pretexto: la competencia, la ignorancia, la envidia. Sin embargo, siempre presupondrás una visión extraordinaria para los negocios tecnológicos en aquellos a quienes has convencido de que tu idea tiene potencial (sobre todo si han invertido en ella). Incluso si hablamos de tu tía, la costurera. Porque ellos sí saben lo que es el amor, y ellos entienden.

Quien se enamora de una idea tiene muchas más posibilidades de adolecer de la falta de flexibilidad necesaria para una buena ejecución. Será mucho más rígido a la hora de adaptarse a las necesidades que pueda detectar en el entorno, ignorará los *feedbacks* decepcionantes (por ejemplo, la ausencia de casos de uso) y será más reacio a introducir las sugerencias de sus colaboradores. Su mente intentará modificar la realidad para que se adapte a su idea y, aunque haya cosas que no encajen, en su cabeza habrá una razón muy rebuscada que le hará seguir confiando. Eso es lo que le pasa a los terraplanistas.

Por último, quien se enamora de una idea comete un pecado grave: se enamora de la idea, no de la solución que esa idea aporta a una necesidad detectada.

Esto no es propio únicamente de *noobs* (principiantes) de la industria. Fíjate lo que le ha estado pasando a Mark Zuckerberg con Meta. Está tan enamorado de la idea de crear un multiverso que es incapaz de observar el entorno para cerciorarse de que nadie lo necesita tanto como para justificar la inversión que está realizando en él. No hay casos de uso, no hay demanda. Zuckerberg no crea Meta para dar solución a una necesidad. Crea Meta para crear Meta. Y no debería ser así.

En su cabeza se podrá estar contando que desarrolla su multiverso para generar un escenario donde no depende de los sistemas operativos de Google y Android. En esa disonancia cognitiva todo encaja, pero los usuarios no lo ven así. No sé si las gafas de Apple conseguirán darle la vuelta a la realidad virtual. Lo que sí sé es que, si no lo consiguen, no se obstinarán tanto en forzar su implantación.

Y algo parecido, aunque a menor escala, sucede con la *blockchain* (cadena de bloques). Ésta es una tecnología que tiene enamorados a muchísimos inversores a lo largo y ancho del mundo. Y es que, al contar qué es y cómo funciona, se formula un relato muy potente, muy seductor. Es una idea realmente ingeniosa. Pero, de momento, el único caso de uso que verdaderamente justifica una infraestructura tan compleja, tan difícil de alimentar, es el de las criptodivisas. Yo no apostaría por el descomunal derroche de recursos que supone una cadena de bloques para utilizarlo en algo tan insignificante como un *smart contract*, por ejemplo. Porque, además, los gurús de la *blockchain* tratan de convencernos de que la descentralización es una virtud en sí misma, cuando descentralizar datos no siempre tiene por qué resultar algo positivo. ¿Es beneficioso para nuestra sociedad que una gran red P2P sustituya al concepto de la confianza en las instituciones? Estoy seguro de que la tecnología *blockchain* encontrará o habilitará casos de uso que justifiquen su existencia (por ejemplo, se podrán crear certificaciones descentralizadas para detectar *deep fake* o *fake news*). Pero, de momento, es una tecnología que busca soluciones tremendamente ingeniosas a problemas que aún no existen. Y muchos se enamoran de ella.

Es el problema, imbécil

Ante esto, me gustaría compartir contigo un mandamiento que creo importante para cualquier emprendedor. Uno de esos que, en mi opinión, se deben grabar sobre una tabla de piedra cuyo peso te acompañe durante toda tu carrera. Y es el siguiente: «Te enamorarás del problema, no de la idea».

Si te obsesionas con una idea, no harás caso a la realidad que te rodea; la ignorarás o tratarás de interpretarla de una forma que continúe alimentando tu espejismo. Es lo que llaman los científicos *sesgo de confirmación*.

Por el contrario, si te obsesionas con un problema, con uno real, uno extraído directamente de la realidad que te rodea, harás el camino a la inversa: adaptarás tus ideas y su ejecución, hasta que logres resolver ese problema. Aquí no hay sesgo, tan sólo hay una evidencia: ¿mi trabajo ha resuelto esta necesidad? Sí o no. No existen más preguntas posibles.

Y no sólo adaptarás tus ideas. También irás completando y mejorando tu propia formación, tu propia evolución, tus propios conocimientos; hasta que te creas preparado para resolver ese problema que te atormenta. Para esto ayuda otra máxima que suelo repetir: «Si no has trabajado en un bar, no montes un bar».

Cuando estábamos en la universidad, nos gustaba ir a los bares por la noche. A mí no tanto; yo nunca he sido de beber demasiado. Pero no era tan friki como para quedarme en casa un sábado por la noche si el resto de mis compañeros de piso salía. Una de las conversaciones recurrentes de esas noches versaba sobre lo caras que estaban las copas. Claro, éramos estudiantes. Nuestra asignación mensual iba justita. Intentábamos (o intentaban) resolver con calimocho lo que la cartera no podía pagar. Pero, a algunos, el vino de tetrabrick inyectado en la botella de plástico de Coca Cola y bebido directamente a morro les empezaba a resultar repugnante. Era un problema que los obsesionaba. Bien, eso no es malo. Estaban enamorados del problema.

«Tío, es que una copa no tiene por qué costar más de dos euros... Mira lo que cuesta una botella de whisky en el supermercado», decía uno. «Montas un bar y las pones a ese precio y seguro que te forras..., lo tienes lleno», decía otro. «El margen tiene que ser enorme», opinaba un tercero.

Muy bien, estos tres astutos compañeros estaban absolutamente focalizados en un problema, tal y como debe ser. Sin embargo, aún les quedaba un gran camino en lo que se refiere a adaptar sus ideas y su formación para lograr resolverlo. En primer lugar, porque todo el mundo sabe que los gastos de un bar no se reducen a comprar alcohol. Necesitas pagar un local, una licencia, un montón de impuestos, unas cuantas nóminas, un mantenimiento, un... En aquellos tiempos, era más que probable que, si un hostelero hubiera detectado una oportunidad de negocio en servir alcohol barato, existiera al menos un bar en el que se sirviera alcohol barato (o no, porque llenar un local nocturno de esa fauna que acude a la llamada del combustible *low cost* te pone en el riesgo de una muerte por éxito bastante desagradable; a nadie le gusta pasarse las mañanas del domingo limpiando vómito de un retrete, a cambio de un exiguo resultado de caja). Pero mis amigos culpaban de esa ausencia a la estupidez de los empresarios hosteleros, a la falta de ideas en el gremio, en lugar de discernir que su idea era imposible, fruto de su mismísima ignorancia.

Si hubieran trabajado en un bar, no habrían formulado esas opiniones con tanta alegría.

Pero bueno, ninguno de mis compañeros de piso iba a montar un bar en su vida. Y como hablar es gratis, pues ahí se quedó el asunto.

Sin embargo, esta anécdota es aplicable a cualquier caso de emprendimiento. Si tienes una idea de una solución antirrobo con detectores GPS para coches, más te vale haber trabajado en el sector de la automoción o de la seguridad alguna vez en tu vida. Sólo así puedes arrancar tu desarrollo con cierta información valiosa. Cómo se roban los coches, adónde van, cuánto está dispuesto a pagar un usuario a cambio de sentirse tranquilo, ¿y una empresa de alquiler de coches?, ¿y una compañía de seguros?, ¿compites con los seguros a todo riesgo? Al mismo tiempo, si esa solución requiere un desarrollo de software complejo, también te conviene haber trabajado en una empresa que se haya dedicado a eso. Porque no está mal que sepas lo que es posible y en qué plazos. De lo contrario, deberás tener confianza ciega en tu director de tecnología (*chief technology officer*, CTO) o en los programadores, porque su idioma, para ti, va a ser más complicado que el chino. Y cuando te digan que una cosa no se puede hacer, o que un plazo no se puede cumplir, no tendrás conocimientos suficientes para contrastarlo.

¿Y qué pasa si ya tienes una idea pero aún te faltan los conocimientos para ponerla en marcha? Mi consejo es taxativo: adquiérelos. Aunque para ello tengas que presentarte en las oficinas de una *start-up* y ofrecerte a trabajar por la patilla un par de meses. Porque, como no aprendas cómo funcionan estas cosas (y esto no te lo enseñan en un MBA), estarás tan perdido como cualquiera de mis amigos detrás de la barra de un bar.

Gracias a Dios que no tuve que verlos limpiando vómito.

Por cierto: yo nunca había trabajado para una empresa de videojuegos. Monté 89Bits. Si no te has saltado el primer capítulo, ya conoces el resultado.

No fue la idea, fue el problema: (I) Pinterest, la iteración

La dificultad para percibir esta estrategia que te acabo de desvelar es que, a toro pasado y desde el exterior, lo único que se ve es una idea. Pero esa idea que han sacado adelante empresas como

Pinterest, Slack o Flickr es sólo la punta de un iceberg bajo la cual subyacen años de ensayos, errores, adaptación e iteración. Éstos son ejemplos de empresas que se enamoraron de una necesidad y que la resolvieron de la única forma posible: a base de luchar contra su propia cabezonería. Así fueron capaces de sacrificar ideas primigenias hasta convertirlas en lo que necesitaba la gente.

Por ejemplo, la idea primigenia de Pinterest resultaba mucho más pedestre que la actual. Esta red social gráfica se describe actualmente como «un motor de descubrimiento de contenido visual que los usuarios pueden usar como inspiración para crear la vida que desean». Fíjate en las grandes palabras de las que se han apropiado: motor, descubrimiento, contenido, inspiración, crear vida. Dicho esto, es bueno recordar que la premisa inicial de Pinterest consistía en una página web en la que los usuarios podían consultar catálogos de venta de productos y conservar recortes de los artículos que les interesaría comprar.

Y realmente es verosímil que su camino haya empezado por ahí: tú estás en tu casa aburrido, viendo pasar las horas, y te fijas en tu pareja que lleva horas obnubilada con el catálogo de las Tiendas Tipo (¿alguien se acuerda de las Tiendas Tipo?), estudiando carátulas de discos y camisetas y marcando con un rotulador grueso todo aquello que quiere para Navidad. Y piensas: «Ey, se lo está pasando bien de verdad, su deseo de consumir esos productos hace que ese catálogo se adhiera a sus manos, y al final funcione como un soporte publicitario con un *engagement* formidable y una segmentación que no puede ser más precisa». Y entonces concluyes: «¿Y si pusiera esto en internet?».

Pero lo que lleva a la gente de Pinterest a acabar liderando un negocio que tenía una capitalización bursátil de 29.220 millones de dólares en 2024 e ingresó más de 3.000 millones de dólares en 2023 (un 9 % más que el año anterior), con más de 518 millones de usuarios activos al mes, no es esta idea. Te he insistido en ello: ¿te crees que el creador de Pinterest es la única persona capaz de interpretar que un catálogo se puede subir a internet? Lo que pasa es que ellos lo hicieron bien. Excepcionalmente bien.

Lo que logró que Pinterest progresara fue la ejecución. Diseñaron una experiencia de usuario dinámica y sencilla, que ayudaba a mantenerse más tiempo entretenido, descubriendo nuevos artículos. Adoptaron un algoritmo de gestión de contenidos basado en la recomendación de *posts* que se consideran afines a tus gustos, no basado en la proximidad social de quien los sube (sí, eso que ahora intentan hacer todas las redes sociales). Consiguieron ofrecer contenido muy concreto, sin fecha de caducidad, pensado para resolver la necesidad que un usuario tiene en un momento exacto: cocinar, leer, decorar...

No hay que ser muy inteligente para descubrir que, habiendo implementado estas virtudes, Pinterest ya no tenía la necesidad de limitarse a ofrecer catálogos de venta. Pinterest se había convertido en una herramienta para ayudarte a pensar, para despertar tus ocurrencias..., para inspirarte. Porque si tu pareja se pasaba horas mirando la revista de Tiendas Tipo, no lo hacía porque buscase el último disco de Meteosat. Lo hacía para que la revista le ayudase a decidir qué discos quería. Y, de paso, divertirse haciéndolo.

O sea, que la gente de Pinterest no se entregó a una idea. Se entregó al siguiente problema: a veces, a las personas no se les ocurren cosas: qué pedir por Navidad; qué cena ofrecer a sus invitados; qué manualidades hacer con sus hijos una tarde lluviosa. ¿Recuerdas? Enamórate del problema, no de la idea.

No fue la idea, fue el problema: (II) Apple, el *smart follower*

La figura de Steve Jobs (1955-2011) es uno de los grandes mitos de Silicon Valley. Con todas esas citas inspiradoras sobre los sueños, la vocación, el esfuerzo, la perseverancia..., yo creo que Steve Jobs fue responsable (que no es lo mismo que decir culpable) de más quiebras que la crisis de Lehman Brothers. En cualquier caso, si buscamos una figura que represente al emprendedor, el ingenio, el convertirse en pionero..., no es extraño que el cofundador de Apple nos venga a la cabeza en primer lugar. Con todos esos cachivaches que han cambiado nuestras vidas, nuestra forma de relacionarnos entre nosotros y de relacionarnos con el mundo, hay que reconocer que el imperio de la manzana mordida ha supuesto, como bien sugiere su logotipo, una salida del paraíso de la ignorancia para sumirnos en las dificultades de la sabiduría tras probar la fruta prohibida.

MacOS, iOS, iMac, iPod, iPhone, iPad... ¿Y ahora Vision Pro? No hay duda de que los de Cupertino han diseñado productos que han impactado con enorme fuerza en nuestra sociedad. También se han comido muchos fracasos, pero éstos no se recuerdan, cosa que también es una virtud. Otra cosa que no se tiene en cuenta es que ninguno de esos artículos es una invención original. Ni de Jobs, ni de su sucesor Tim Cook, ni de Apple, ni de nadie en su nómina. Ya he mencionado antes el caso de General Magic, que ofreció un dispositivo precursor del iPhone en la década de 1990, y ahora voy a profundizar en algún ejemplo más.

Apple nunca ha sido un pionero. La obsesión de esta empresa no ha estado en las ideas, sino en los problemas. Volvamos al capítulo de *Los Simpson* en que el hermano de Homer quería desarrollar un producto para recuperar sus millones. Cuando lo presenta (un delirante traductor para bebés), a Homer le parece muy complicado y comenta: «No sé, Herb. A la gente le dan miedo las cosas nuevas. ¿Por qué no coges algo que ya esté hecho y le pones un relojito o algo así?». Cuesta creerlo, pero el progreso empresarial de Apple tiene más que ver con la posición de Homer que con la de Herb. Y esto lo digo sin asomo de crítica.

Apple ha sido un admirable ejemplo de *smart follower*, con dos capacidades de valor incalculable. La primera: sondear mercados en los que las soluciones propuestas son basura. La segunda: tomar soluciones fracasadas y hacerlas triunfar. ¿Inventó Apple el reproductor MP3? ¡No! Lo que inventó fue el reproductor MP3 bien hecho: el iPod. Tan bien hecho que pudo ponerle un precio exorbitante y dejar que los seres humanos se pelearan entre sí por poseerlo.

Antes del iPod, efectivamente, existían reproductores portátiles MP3. En 1998, siete años antes del iPod, se lanzó el MP-Man, de SaeHan, que costaba 250 dólares y disponía de 32 Mb de almacenamiento ampliable. El mismo año apareció el primer dispositivo que tuvo éxito comercial, el Rio PMP300, con la misma capacidad y un precio algo más económico. Este reproductor funcionaba con una pila AA, tenía un mando de control circular (vaya, ¿de qué me suena esto?) y se conectaba al ordenador por un puerto. No sólo eso. El grupo Diamond, creadores del cacharrito, desarrolló a su vez Rio Port. ¿Y qué era esto? Una plataforma a través de la cual llenar tu Rio PMP300 de música en formato MP3 con descarga legal. Es decir, una solución precursora de iTunes.

Sinceramente, no tengo ni idea de cómo funcionaba Rio Port. Lo que se puede ver en las fotos es que el Rio PMP300 era más feo que una zarigüeya con ojeras, y su pantalla LCD sólo mostraba el número de canción que estaba reproduciendo. Además, daba para treinta minutos de música, nada más, aunque se podían incluir tarjetas de memoria adicionales. Pero ¿qué diferencia hay entre introducir una tarjeta de memoria que contiene treinta minutos de música en un Rio PMP300 e introducir un CD en un discman? Pues, para Apple, no la suficiente. Steve Jobs idolatraba a los fundadores de Sony, por tanto supongo que el Rio PMP300 no le parecía el dispositivo que fuera a retirar los discmans para siempre.

Por eso pusieron toda la carne en el asador para lanzar reproductores con una capacidad de almacenamiento que en 2005, fecha de salida, juzgamos hoy alucinante. Con un diseño que enamoraba y todo un entorno para gestionar música que hacía de la experiencia de tener un iPod todo un privilegio. Entre un iPod y un discman sí que mediaba un abismo.

Como ves, aquí brilla con fuerza el mencionado talento del *smart follower*: el de explorar mercados en el que las soluciones no son satisfactorias, en el mejor de los casos, o son una castaña, en el peor. Es decir: deja que las ideas las tengan otros, que ya llegaremos nosotros a explicarles cómo las tienen que hacer. Ocurrió incluso con su software seminal, MacOS, cuya interfaz gráfica y cuyo ratón tomaron prestados de Xerox. Ocurrió con el iPhone, con el que supieron mejorar increíblemente dispositivos como el de General Magic, el Newton o el IBM Simon (un teléfono con pantalla táctil y aplicaciones lanzado en 1994). Y el futuro próximo dirá si las Vision Pro consiguen triunfar donde las Google Glass fracasaron (aunque no estén previstas para los mismos casos de uso).

Apple lleva décadas enamorándose de problemas, no de ideas. En este caso podemos decir que Apple va a buscar problemas de los que enamorarse a mercados ya creados. Por decirlo de forma fea, parasita los enamoramientos ajenos. Y siempre se lleva el gato al agua.

Pero que te parasite un monstruo como Apple es lo menos malo que te puede pasar si te crees esta primera mentira de Silicon Valley. Y también lo menos probable. Si te tragas el mito de que la idea es todopoderosa, si cala en ti el discurso de Herb Simpson y confías en que lo que único que necesitas es una idea para alcanzar un éxito sin precedentes, lo peor que sucederá es lo siguiente: nada. Nada, en la peor de sus acepciones, porque nada sucederá. Bueno, nada, a tu alrededor. Porque tú, probablemente, sí que notes algo.

Si ignoras eso que decía Daniel Ek, fundador de Spotify, de que «la ejecución es el 95 %», no te darás cuenta de que ejecutar bien es veinte veces más valioso que una idea. Si te enamoras perdidamente de una idea y empiezas a dejarte llevar por los sesgos de confirmación que te he descrito, corres muchos riesgos: el riesgo de que tu proyecto esté verde cuando los programadores empiecen a escribir código; el riesgo de intentar construir algo que no coincide con las habilidades de tu equipo; el riesgo de ignorar las métricas; el riesgo de incomodar a todos tus empleados; el riesgo de errar en la estrategia de lanzamiento...

Todos estos errores te sonarán igual que esos que juzgaban a Irma Thomas por dejarse pisotear por su novio en la canción *Anyone who knows what loves is (will understand)*. Querrás ignorarlos y te convencerás de que se están equivocando, y que no saben lo que dicen porque no saben qué es al amor. Y, mientras tanto, el problema se irá haciendo cada vez más grande y más difícil de resolver.

3

Segunda mentira: el éxito llegará de la noche a la mañana

Corre, Forrest

Invito a quien haya visto *Forrest Gump* a analizarlo con cierto sentido crítico. Al final, la película es la historia de un éxito vital contra todo pronóstico. Y uno se da cuenta de que la única estrategia que sigue el personaje para conseguir este éxito es la siguiente: correr. Es decir, *tirar p'alante.* Gracias al avance a velocidad ligera sin cuestionar absolutamente nada de cuanto le rodea, Forrest consigue convertirse en estrella del fútbol americano universitario, sobrevivir a la guerra de Vietnam, montar una compañía pesquera e incluso hacerse millonario con inversiones en tecnología. «Corre, Forrest», podría ser el mito de todos los mitos, el mandamiento en que se sintetizan todas las mentiras que te han contado desde Silicon Valley para convencerte de que el triunfo no sólo es posible, sino que es muy probable. Identifica lo que se te da bien y hazlo, que el éxito masivo llegará; si Forrest lo consiguió, ¿cómo no lo vas a lograr tú?

La disección de la peli desde el punto de vista motivacional daría para todo un libro. Pero en este caso quiero detenerme en una secuencia en concreto, esa en la que, devastado por la muerte de su madre, Forrest empieza a hacer lo único que sabe hacer. Correr. Comienza entonces su carrerita transamericana, de costa a costa, en la que, según él, cuando tenía hambre, comía, cuando tenía sueño, dormía... Lo fascinante de este pasaje es cómo los medios se hacen eco de lo que entienden como una conducta subversiva, una especie de acción revolucionaria. Y, entonces, se viraliza. Y de pronto se ve seguido por un montón de... *¿followers?*, que le tienen por gurú y corren junto a él sin preguntarse hacia dónde demonios va ese tarado y por qué hace eso que hace. De la noche a la mañana, su solitaria carrera se convierte en un movimiento social de éxito. Sí, de éxito. Un nuevo éxito que logra haciendo lo único que sabe hacer: correr.

Un éxito sobrevenido de la noche a la mañana; o, siguiendo el término en inglés, que me gusta mucho, *overnight success*.

Te prometieron que si ponías en marcha tu maravillosa idea, el éxito llegaría. De pronto, de la noche a la mañana, brotarían un millón de seguidores como espárragos de la tierra, o aparecerían financieros a llenarte los bolsillos. Porque entre el garaje donde fundas tu *start-up* y el éxito no hay un capítulo intermedio.

Es un mito enraizado. La gente observa el éxito de gigantes tecnológicos como Tencent, que es propietaria de WeChat y desarrolla soluciones de inteligencia artificial, y olvida que comenzó a finales del siglo XX en el casposo campo de la composición de politonos para celulares en China. Yo mismo, que ya llevo una mochila de experiencia, aún sueño que aparecerá alguna idea feliz que me llevará a duplicar mi audiencia de un día para otro. Hasta que me paro a pensar que eso no va a suceder de la noche a la mañana. ¿Sabes qué pasa cuando lanzas una web en internet? ¡Nada! No pasa nada. Pero algunos se han creído que es como abrir un frasco de miel ante un enjambre de moscas.

Este mito está muy relacionado con el anterior: el de la idea. Si estás demasiado enamorado de tu idea, te arriesgas a creer que esta mágica eclosión va a llegar a producirse como resultado de ese *tirar p'alante* de Forrest Gump. Es decir, te gusta tanto tu idea que no puedes aceptar que al resto del mundo le sea indiferente. Sin embargo, si lo que te obsesiona es un problema, no tendrás reparos en detenerte a pensar si correr es la solución correcta para superarlo.

Este capítulo está pensado para que eludas esta trampa y sepas a lo que aspirar. Porque, a fin de cuentas, sí hay una verdad en *Forrest Gump* que supera todas las trolas que se cuentan en la misma peli, y es la que nos dice el mismo personaje: «Tonto es el que hace tonterías».

Haremos campañas virales

Mi trayectoria profesional está llena de meteduras de pata. Pero no todas han sido responsabilidad mía al cien por cien. En ocasiones se puede decir que una orientación laxa podría haberme llevado a tragarme ciertos mitos. Es lo que sucedió cuando presenté mi plan de negocio de 89Bits en el MBA que estaba cursando. En las páginas de ese informe, en las que detallaba la escalada de 89Bits a base de lanzar un videojuego tras otro, cada uno mejor que el anterior, había que reservar un espacio para el marketing (asignatura en la que, por cierto, saqué sobresaliente). Pues bien, todo lo que creí necesario incluir fue una frase: «Haremos campañas virales utilizando a famosos del pasado reciente como apelación a la nostalgia».

Es posible que yo, inmaduro, cayese en esa trampa de que el trabajo se viralizaría, que el éxito sobrevendría de la noche a la mañana, influido por mi experiencia en las piscinas de Logroño, cuando aparecían curiosos a mirar qué hacíamos en nuestra toalla con tantos papelitos y un dado de diez caras. Pero ¿cómo es posible que me dieran por bueno en el MBA semejante proposición? En absoluto puedo quejarme de mi formación adquirida en el MBA. Como ingeniero, fueron capaces de cambiar mi mentalidad para afrontar los negocios de una forma eficiente y creativa. Pero aún me pregunto cómo no profundizábamos más en este tipo de estrategias.

El hecho de que me dieran el pase, y con muy buena nota, refleja lo mucho que el mito ha calado en la «mente colmena» que se dedica al emprendimiento. Tengo un amigo creativo publicitario, con experiencia en agencias multinacionales, que se queja de lo mismo: dice que, cuando comenzaron a surgir los primeros fenómenos de vídeos virales (aquella ardilla que miraba dramáticamente, o aquel ninja que se daba un cabezazo), los anunciantes se volvieron locos; pensaban que con sólo subir su *spot* de siempre a internet, se volvería viral. Que se ahorrarían millones en planes de medios. Es decir, que si le ponías un chistecito ligero, la gente se dedicaría a compartir masivamente las ventajas de hacerte un plan de pensiones con el Santander o comprarte un producto antical para la lavadora. Esto sucedía en departamentos de marketing de grandes compañías, lo defendían personas que cobraban nóminas de seis cifras al año; gurús demasiado enamorados de su producto como para darse cuenta de que al resto del mundo le daba exactamente igual.

En el fondo, el fenómeno de la viralidad ha sido un baño de realidad para todos. Pero hemos tardado mucho tiempo en darnos cuenta de que a la gente le importan un bledo nuestras cositas.

Además, había casos que parecían corroborar el mito. Uno de ellos es el de los primeros *influencers*. Aquellos que sí consiguieron llegar en el momento adecuado y dar con la clave para valerse del crecimiento orgánico. Es conocido el ejemplo de Rubén Doblas Gundersen, conocido como El Rubius, porque él lo ha contado mil veces. Era un chaval que se dedicaba a subir sus movidas a YouTube. Sus movidas hacían gracia a otros chavales, y a él le gustaba hacerles gracia. Así que seguía subiéndolas. Un buen día, según relata él mismo, abrió su cuenta y descubrió, alucinado, que su número de seguidores se había multiplicado por dos de la noche a la mañana. Al día siguiente, se volvió a duplicar. Y al siguiente, otra vez. En aquellos tiempos en que las redes promovían el crecimiento orgánico, la viralidad era exponencial. El billete que te podía llevar de tu piso en Castellón de la Plana a una residencia de lujo en Andorra pasaba por grabarte un vídeo dándole un sartenazo a tu compañero de piso. Aquello ha animado a miles de adolescentes a tomar las cámaras de sus móviles e inaugurar cuentas en todas las redes sociales posibles para convertirse en *instagramers*, *youtubers* o *tiktokers*. Son los «nuevos Ronaldos» (aviso «viejuno»: me refiero a Cristiano Ronaldo, no a la banda de Coque Malla).

Lo que no saben los aspirantes tardíos a estrellas de internet es que la vida de las redes transcurre en tres fases nada azarosas; todo está predeterminado: en primer lugar, las redes promueven el crecimiento orgánico para que crezca el número de usuarios; a continuación, frenan ese crecimiento orgánico para favorecer el crecimiento a buen precio de quienes invierten en publicidad, es decir, las marcas; por último, cuando la red ya se ha vuelto imprescindible para las marcas, porque es un punto obligado de encuentro con sus consumidores, suben los precios de la difusión pagada, para que sea la empresa la que se lo lleve calentito. Es decir, tras el ascenso de los *influencers* se ocultaba ese *deus ex machina* que domina el funcionamiento de las redes sociales, que son cada vez menos sociales.

El mito del *overnight success* también recibe mucha ayuda de la difusión de casos exitosos. Se nos llena la boca hablando del récord de adquisición de usuarios de OpenAI, o de Luzia (23 millones de registros en seis meses sin gastarse un euro en marketing). Mientras, se ocultan los más comunes, es decir, los fracasos. Otra vez estamos ante el sesgo del superviviente, que casi siempre tiene trampa. Es un relato que ayudan a consolidar diversas películas, como *La red social* (2010). En ella se muestra a un Mark Zuckerberg que, al desarrollar una idea brillante, y sin salir del estrechísimo contexto de un campus universitario exclusivo, consigue un éxito global de golpe y porrazo. De hecho, si te fijas, todo el conflicto dramático de la peli de David Fincher reside en el pleito que decide quién tuvo la idea: Mark, los gemelos Winklevoss o Eduardo Saverin. Y eso no hace más que reafirmar que lo valioso era eso, la idea, y no el trabajo de desarrollo, la iteración y la adquisición que puede sacarla adelante. Porque la idea, si es buena, oh, amigo, *tira p'alante*.

Como Forrest.

El trampantojo del *overnight success* y el crecimiento exponencial

Si alguna vez has creído que el éxito sobreviene de la noche a la mañana, buenas noticias: no es del todo culpa tuya. También tu cerebro tiene cierta responsabilidad. Y no, tú no eres exactamente tu cerebro. Supongo que sabes que el ojo humano es imperfecto, porque sólo es capaz de detectar la luz en un rango bastante estrecho de frecuencias, que llamamos luz visible: desde el rojo al violeta, es decir, la escala del arcoíris. Todo lo que queda fuera de esa escala es invisible para el ojo humano: a un lado del espectro, el infrarrojo; al otro lado, el ultravioleta.

Pues bien, al cerebro le pasa un poco lo mismo con las cifras numéricas. Sólo somos capaces de entenderlas cuando están dentro de un determinado rango. Por eso los periodistas suelen decir: «En el incendio se ha quemado una superficie equivalente a quince campos de fútbol». Necesitan traducir las áreas a campos de fútbol para que nuestros cerebros desentrenados lo entiendan. Pero, incluso así, llega un momento en que nos hacemos un lío con las cantidades. Si has visto *Cosmos*, la serie de Carl Sagan de los años ochenta, quizá recuerdes un episodio en el que nuestro admirado astrónomo intentaba explicarnos qué era un googol. Googol es un número supuestamente gigantesco, inabarcable: uno por diez elevado a cien; o, lo que es lo mismo, un uno seguido de cien ceros.[4] El bueno de Carl se desgañitaba desenrollando un papel larguísimo en el que había ceros por doquier para intentar transmitir la dimensión de la cifra. Dudo de que lo llegara a conseguir del todo. Al final, cien ceros son cien ceros; cien es un número bien asimilable. Nadie se para a pensar qué supone añadir cada uno de esos ceros al resultado final. Pero es que añade mucho. Una burrada. De hecho, un googol es una cantidad tan colosal que no existe un googol de nada. Ni siquiera hay un googol de partículas elementales en el universo.

Tampoco es fácil comprender la diminuta proporción de estas partículas elementales. Si un físico intenta explicarte qué es la distancia de Planck, probablemente entenderás que es muy pequeña. Pero no, por Dios. No es que sea pequeña. Es que es tan pequeña que no da cabida a una longitud de onda de luz sin que aparezcan efectos cuánticos insospechados. A escala más pe-

4. Por cierto, la famosa empresa Alphabet adoptó esa cifra como nombre para su buscador, Google. Gente modesta.

queña que la distancia de Planck, las leyes de la física se tergiversan. Esto es un delirio, una pesadilla lógica. Y, sin embargo, es así.

Bueno, me estoy yendo por las ramas con estos temas, pero es que me chiflan. Lo importante es eso: que tu cerebro no está preparado para concebir magnitudes extremas, grandes o pequeñas. Y esto ayuda a que te creas este mito del *overnight success*. Vamos a retomar a El Rubius para explicarlo. ¿Recuerdas que te dije que siempre menciona en las entrevistas que un día se levantó y se encontró con que su número de seguidores se había multiplicado por dos?, ¿y que eso pasó varios días? Esto no quiere decir que el crecimiento de sus cuentas estuviera paralizado y de repente, zas, cobrase vida. El éxito de El Rubius, muy probablemente, se venía cocinando a fuego lento desde que abrió su perfil de YouTube. Pero su mente no era capaz de percibirlo, porque el incremento era exponencial. Cuando un especialista en bolsa o en macroeconomía habla de un crecimiento exponencial, es decir, crecimiento continuo, los oyentes lo traducen como: crecimiento inmediato y gigantesco. Pero no es así ni mucho menos. Algo que crece exponencialmente crece cada vez más rápido (al contrario del crecimiento logarítmico, que crece siempre en la misma proporción). Pero esto no significa que no haya pasado por una fase cuyo incremento haya sido casi imperceptible.

Vamos a recurrir al famoso cuento del tablero de ajedrez. ¿Lo conoces? Se utiliza siempre como ejemplo de las brutales consecuencias de que algo crezca exponencialmente para la economía, el clima, la biodiversidad... Según parece, un rey de la India perdió a su hijo en una guerra. Entonces pidió a todos los súbditos que le ofrecieran distracciones con las que combatir su dolor. Como diríamos ahora, pidió un *pitch* de ideas para desarrollo. Entre los candidatos había un ciudadano un poco más friki que los demás que apareció con un juego de ajedrez, por entonces desconocido. Parece que al rey le encantó y le dijo al ajedrecista que pidiera, como recompensa, lo que quisiera. El friki dijo que sólo quería trigo. Colocarían un grano de trigo en la primera casilla. Dos en la segunda. Cuatro en la tercera. Ocho en la cuarta. Y así el número de granos de arroz se iría duplicando hasta completar el tablero. Al rey le pareció hasta poco. Pero, debió de pensar: «Bueno, ya que lo pides, chico, no voy a tener yo la culpa de que seas tontín».

El resultado es bien conocido: no había trigo suficiente en todo el mundo para colocar en la última de las casillas. Ése es el poder del crecimiento exponencial o crecimiento continuo.

Pero en esta fábula hay algo que suele pasarse por alto. Y es muy importante, porque en ello radica el motivo de que el rey cayera en el engaño. Y es lo siguiente: que entre la primera casilla y la 57, el crecimiento parece insignificante. ¡Y el tablero de ajedrez sólo tiene 64 casillas! Es decir, hasta que no comenzamos a llenar de trigo los últimos siete cuadraditos, el rey no se da cuenta del magno follón en el que se ha metido. Pero esto no significa que el trigo no viniera duplicándose casilla por casilla desde la primera hasta la quincuagésimo séptima. El crecimiento estaba ahí, silencioso, casi invisible, como los seguidores de El Rubius. Los economistas lo conocen muy bien: lo llaman interés compuesto, y es el motivo por el que intentan convencerte de que inviertas tus ahorros, aunque sólo tengas dos céntimos bajo la almohada. Se atribuye a Einstein la frase de que el interés compuesto es la fuerza más poderosa del universo, y aunque no acabo de creerme que el gran físico del siglo XX formulara una obviedad tan facilona, queda bien meter una frase de Einstein en un libro de emprendimiento.

Para bien o para mal, nosotros siempre jugamos el papel del rey en esta historia. Porque nuestro cerebro no ve otra cosa. Cuando una bola de nieve que baja una ladera en dirección a un pueblo crece duplicando su tamaño tras cada vuelta que da sobre sí misma, seguro que nadie se preocupa por su vida hasta que se encuentra a pocos metros del pueblo. Igual que cuando nos levantamos con una resaca monumental y nos empeñamos en lamentar lo mal que nos sentó la última copa. ¿Y las cinco anteriores no?

Más vale que te guste el ramen: Airbnb

Pero la dificultad para percibir un crecimiento exponencial no es el único fenómeno que favorece la consolidación del mito del *overnight success*. Otro factor tiene que ver con lo que las marcas quieren comunicar de sí mismas. El *storytelling* de marca está lleno de relatos de éxito fulminante, inmediato, rotundo. A los *founders* no les gusta que les recuerdes aquellos días en los que estuvieron a punto de vivir *under the bridge*.

Un ejemplo es la historia de una *start-up* que cerró 2023 con un valor de 87.000 millones de dólares: Airbnb. Hablamos de uno de esos relatos que intenta ejemplificar que, si perseveras, lo consigues. Pero, seamos serios: en condiciones así, la perseverancia sólo saca del hoyo a uno de cada mil. No estamos hablando del caso de Pinterest, que estuvo dando palos de ciego durante años hasta encontrar su modelo. Airbnb fue una empresa zombi. Más cerca de la desaparición que de una mínima solvencia.

Airbnb fue fundada en San Francisco por dos colegas que, en 2007, no ganaban lo suficiente para pagar el alquiler. Tenían un ático en su casa y se les ocurrió poner un colchón y montar un *bed and breakfast*. San Francisco estaba lleno de eventos y conferencias interesantes para público de todo el país, pero los alojamientos resultaban muy caros. Crearon una página web muy sencilla, airbedandbreakfast.com, y la lanzaron. No era más que un blog que incluía mapas. Consiguieron la visita de tres personas que pagaron ochenta dólares cada una, y se les ocurrió que esa idea podía desarrollarse de forma global. Así, invitaron a unirse a la aventura a un tercer colega, que les ayudaría con el desarrollo de una web más compleja.

Vale, como idea estaba bien. Pero durante los primeros años fue un rotundo fracaso. No funcionó en absoluto. Vamos a recordar algunas verdades que ya deberíamos saber. Sólo una de cada diez *start-ups* sobreviven al tercer año de vida. O sea, que nueve de cada diez fracasan y desaparecen. De estas nueve, la mayoría alcanza al menos a recoger algo de financiación para sobrevivir esa breve asomada al mundo empresarial. Yo mismo, como te conté, pude levantar, entre inversores y subvenciones, una suma de unos cien mil euros, que me sirvieron para mantener viva la estructura mínima necesaria de 89Bits durante tres años. Ya sabes qué pasó: sufrí como un condenado.

Y ahora hagámonos una pregunta: ¿cómo habría sido si, en lugar de ese dinero, hubiera dispuesto de un total de cero euros? Cero pelotero.

Ésa es la cifra con la que contó Airbnb durante sus tres primeros años; y la de los dos años siguientes resulta absolutamente ridícula. La historia de Airbnb constituye un absurdo peregrinar por el desierto. Si la comparamos con otras epopeyas de arranques complicados, por ejemplo, con la de Pinterest, descubrimos claras diferencias. Los fundadores de Pinterest iteraban con resignación, no acababan de dar con la idea que explotase, lo pasaban mal, pero iban haciendo pasta para malvivir y sostenerse. El caso que nos ocupa es bastante más extremo. Tres años sin ingresos. Durante ese peregrinaje, los fundadores de Airbnb se autoimpusieron un objetivo de beneficios bastante pintoresco: su empresa debía darles para pagar el alquiler y para ramen. A esto lo llamaron «*ramen profitability*». El ramen es esa comida instantánea basada en sopa deshidratada con fideos, que metes en el microondas y luego en tu estómago. No la escogieron por rica o nutritiva, sino por barata. Y, ¿sabes?, ni siquiera conseguían cumplir con ese objetivo. Porque durante ese tiempo, nadie creía en ellos, no encontraban mercado, no encontraban inversión, no obtenían ingresos, no crecían. Nadie tenía confianza en que los viajeros quisieran pagar para alojarse en pisos privados, parecía una idea alienígena. Donde otros construyen una montaña de derrotas para alzarse hasta la victoria, ellos no habían construido nada. Ni siquiera derrotas.

Insisto en que debemos desterrar la tentación de repetirnos esos tópicos como «el que la sigue la consigue» o «*no pain, no gain*» ('sin sufrimiento no hay progreso')... Estoy convencido de que, de haber sabido lo que iban a vivir, lo hubieran dejado. Es algo que ya le escuchamos decir en recientes declaraciones a Daniel Ek, fundador de Spotify: «Si pudiera volver al pasado, no haría lo mismo». Jensen Huang, fundador de Nvidia, una de las tecnológicas más valoradas del momento, como ya dije, ha utilizado casi las mismas palabras: «Si tuviera que hacerlo todo otra vez, no montaría una empresa». Ninguno de ellos imaginó lo duro que iba a ser. La dificultad es también exponencial, y nadie lo prevé. Una vez en harina, si cada paso exige doblar esfuerzo, continúas. Es un poco lo de la leyenda urbana de la rana en la olla: si la sumerges directamente en agua hirviendo, saltará y escapará; si la sumerges en agua fría y aumentas un grado cada cinco minutos, acabará muriendo escaldada. Esta metáfora, que no es cierta para las ranas (unos bichos muy sensibles para los cambios de temperatura), sí se cumple en los emprendedores. La razón por la que muchos de estos *founders* continúan en ello es que no tienen otra opción que la huida hacia delante.

Volvamos a Airbnb. Como gran lanzamiento, en 2008, se propusieron aprovechar el festival South by Southwest. Airbnb sólo sirvió para alojar a dos personas. Tras eso, la única fuente de ingresos que consiguieron durante 2008 nada tuvo que ver con alojamientos. En las elecciones presidenciales de 2008, diseñaron caras de cereales con una caricatura de Obama y otra de John McCain que fueron bien recibidas; salieron en las noticias y obtuvieron un beneficio eventual de 30.000 dólares. Con eso fueron tirando... (Compara esa cifra con la que yo dispuse para 89Bits.)

En 2009, justo cuando estaban a punto de mandarlo todo al garete, después de arrastrarse por rondas de financiación en las que ningún inversor les hacía caso (la crisis de Lehman Brothers no ayudaba mucho), ante bancos que les cerraban las puertas, ante *business angels* que los ignoraban como si fueran «demonios», dieron con Y Combinator, la aceleradora de Paul Graham. Sólo alguien con el finísimo olfato de Graham fue capaz de intuir que algo había en Airbnb, cuando nadie más lo veía. Pero tampoco te creas: les dio un *seed* de sólo 20.000 dólares. ¿Sabes qué suponen 20.000 dólares para una aceleradora tecnológica del norte de California? Si tenemos en cuenta que el alquiler que debían pagar, según el dogma del *ramen profitability*, superaba los 3.000 dólares mensuales, ya te puedes imaginar cuánto podían estirar esa cifra. Lo de Y Combinator fue poco más que un alivio. El mismo Graham reconoció que no concedió aquel *seeding* porque le enamorase la idea, ni por el potencial del mercado; dijo literalmente que vio en aquellos chicos algo diferente, algo especial: eran como cucarachas, parecían poder sobrevivir a todo.

Tras esta «descomunal» inyección de liquidez, la empresa pasó a facturar la «astronómica» cantidad de 200 dólares a la semana, con crecimiento cero. Ya no es que no tuvieran para el alquiler, es que no les llegaba ni para el ramen.

Entre todas las cosas que iban mal, encontraron una que quizá se podía corregir. Las personas que registraban sus casas en la red de Airbnb no eran fotógrafos profesionales. Las imágenes que añadían daban pena, cuando no asco. Esto es bastante importante cuando esperas seducir a un viajero desconocido para ocupar tu cuarto de invitados como alojamiento turístico. A nadie le apetece ver pelo de gato en el sofá donde va a apoyar la cabeza ni manchas de moho en la cortina de la ducha.

Sin embargo, había una ciudad que ganaba a todas las demás en cuanto al número de búsquedas que los escasos usuarios hacían en la web de Airbnb: Nueva York. Al enterarse, Paul Graham les dijo: «Si vuestros usuarios están en Nueva York, ¿qué estáis haciendo aquí? Id allá a aprender qué funciona y qué no». Así que hicieron un listado de todas las viviendas de Nueva York que se habían registrado en la página, con sus direcciones, y fueron puerta por puerta, con un fotógrafo profesional, pidiendo permiso para hacer fotos nuevas para sustituir las que habían subido los descuidados propietarios. Con esto, dieron en el clavo doblemente. En primer lugar, porque cuidar la imagen, tal y como se ha demostrado en infinitas ocasiones, es fundamental para conseguir una experiencia de usuario satisfactoria y detonar la decisión de compra.

En segundo lugar, porque arrancar con un negocio, por muy digital que sea, es mucho más sencillo en nichos acotados que dispersos. Daniel Ek, de Spotify, agradeció tener vedada su empresa en Estados Unidos durante tres años; así pudo concentrarse en Europa y entró con mucha más fuerza en cuanto le abrieron las fronteras. En el caso de Airbnb su primer nicho fue Nueva York. La densidad del *marketplace* es fundamental, sobre todo para Airbnb, que es un negocio que precisa de dos *marketplaces* distintos: huéspedes y anfitriones. Concentrándose en un nicho geográfico denso, como Nueva York, puedes dirigir tus anuncios al segmento de usuarios que buscan alojamiento en la ciudad. Por eso necesitaban hacer crecer primero una oferta densa, para ocuparse de la demanda. Tener opciones de distintos apartamentos en la misma ciudad era fundamental para hacer crecer esta demanda, y un motivo más para concentrar la oferta.

El resultado de este trabajo de picapedrero fotográfico concentrado fue que, una semana después, la facturación había pasado de doscientos a cuatrocientos sesenta dólares. Sí, es cierto, aunque sea el doble, sigue siendo poco. Pero, la siguiente semana, la facturación fue de casi novecientos. Y, la siguiente, fue de mil cuatrocientos. Por fin tenían ingresos. Por fin estaban creciendo. Y lo hacían de forma exponencial.

Aun así, los inversores no se lanzaron a ponerles la alfombra roja. De hecho, el famoso Fred Wilson, de Union Square Ventures, los rechazó sin miramientos. Pero la semilla del interés compuesto ya estaba plantada. Casi en 2010, Sequoia les insufló la refrescante cantidad de 600.000 dólares, que empieza a ser un *seed* considerable. Y a lo largo de ese año levantaron, primero, más de 7 millones de dólares, y, después, unos 112 millones de dólares de inversores de todo el mundo. En 2014, Airbnb alcanzó un valor de 10.000 millones de dólares. Mucho antes que eso, el «*ramen profitability*» se había cumplido.

Pero al margen de este bonito final, *made in Hollywood*, de lo que tienes que ser consciente es de que, durante mucho tiempo, Airbnb no fue más que una idea en un papel que no funcionaba ni por asomo en la realidad. Y que sólo la venta de unos cereales consiguió mantener la empresa con vida en la unidad de cuidados intensivos. Esto habla claramente de cuánto valen las expectativas de todo aquel que funda una *start-up* tecnológica. Sí, estamos dispuestos a comernos la moqueta por nuestra idea. Pero ¿por cuánto tiempo podemos mantener ese áspero masticar? ¿Podemos estar tres años sin ingresos? ¿Sin dinero para nada? ¿Sin dinero para ramen?

El largo, caro y sucio trabajo previo: OpenAI

Uno de los *overnight success* más sorprendentes a los que hemos asistido recientemente es el de ChatGPT. Por supuesto, muchos ya afirman que estamos entrando en una nueva revolución industrial presidida por la inteligencia artificial generativa. Sus potenciales son alucinantes y muy fáciles de ver. No hace falta explicarle a alguien los beneficios de ahorrarte dos horas de trabajo. Por esto, el ahora ya famoso chat de OpenAI fulminó el récord de adquisición de usuarios tras su lanzamiento: cien millones de usuarios activos en sólo dos meses (según un estudio de la consultora UBS realizado en enero de 2023).

Esto es una barbaridad, para qué te voy a engañar. Para lograr esa cifra de cien millones de usuarios activos, Instagram tardó más de dos años, Facebook, cuatro años y medio, y Twitter, ahora X, casi cinco años y medio. Sólo el monstruo chino TikTok se aproxima: alcanzó esa cifra en nueve meses. Una media de trece millones de usuarios diarios se unieron a ChatGPT durante el primer mes de 2023, el doble que en diciembre de 2022. Y el servicio *premium*, ChatGPT Plus, que cuesta 20 dólares al mes, había conseguido entre 230.000 y 250.000 suscriptores en octubre de 2023.

Este advenimiento ha hecho correr ríos de tinta sobre los muchos temas en los que influye (e influye en todos los temas que se nos puedan ocurrir): desde el consabido debate apocalíptico sobre las capacidades de la IA de convertir la peli *Terminator* en realidad, hasta los problemas derivados de la privacidad de datos, pasando, por supuesto, por los muchos empleos que creará y los muchos que destruirá.

Tan sólo tienes que acudir al buscador de un periódico generalista e introducir el término ChatGPT. En *El Confidencial* aparecen ochenta y ocho entradas desde diciembre de 2022 (escribo estas líneas en febrero de 2024), con títulos como «¿Es ChatGPT otra herramienta más de inteligencia artificial?», «No es quitarte el trabajo, el mayor riesgo de ChatGPT es lo mucho que te miente», «María Ressa, periodista y premio Nobel de la Paz: “ChatGPT es un peligro para la sociedad”», «ChatGPT ya ha creado un nuevo trabajo muy bien pagado, pero tiene los días contados», y un largo etcétera.

Todo este gigantesco espacio que ChatGPT ha invadido en los medios de comunicación ha reforzado en nosotros, lectores y usuarios, la sensación de que el éxito de OpenAI ha llegado a la velocidad del meteorito que acabó con los dinosaurios.

Sin embargo, ¿es ChatGPT un verdadero *overnight success*? Bueno, si se piensa desde el momento en que se lanza, sí. ¡Raro sería que no lo fuera! Pero ¿qué pasa con el período anterior? ¿No vamos a contar la etapa de desarrollo? A fin de cuentas, no hace falta ser muy tonto para predecir que una herramienta como ésta iba a pegar un pelotazo tremendo. Pero, claro, hay que hacer esa herramienta. Hay que hacerla antes y mejor que todos tus competidores, que son muchos y muy acaudalados. De lo contrario, estarás reproduciendo aquel gag de la comedia *Big Bang Theory*: un antiguo abusón de patio de colegio va a visitar al doctor Leonard Hofstadder para contarle una idea que los convertirá a ambos en millonarios de la noche a la mañana; se trata de unas gafas con las que puedes hacer que cualquier peli se vea en 3D. «Muy interesante... ¿Cómo lo harás?», responde Leonard. «Eso te lo dejo a ti, tú eres el científico», responde el abusón.

Pues todo ese «eso te lo dejo a ti» es lo que hay antes del *overnight success* de ChatGPT. Y te aseguro que tiene detalles bastante escabrosos. Te voy a contar al menos uno... Como sabes, si ChatGPT parece saber de todo (o al menos responder sobre todo), se debe a que durante varios años fue enriquecido con conocimiento extraído de la mayor base de datos creada jamás por la humanidad: internet. Pero, claro, ejem..., todos sabemos que lo que hay en internet, bueno, tiene sus cositas, ¿no? A lo que me refiero es a que el vasto conocimiento que obtuvo esta inteligencia artificial estuvo determinado por todos los defectos de internet, que son los defectos de la personalidad humana. Cuando los desarrolladores ensayaron las primeras conversaciones, se asustaron de cómo el chat había interiorizado espantosos estereotipos racistas, sexistas, capacitistas..., y los reflejaba utilizando un lenguaje cargado de odio. Esto no sólo le pasaba a la creación de OpenAI. Es conocida la conversación del bot de Microsoft que fue filtrada: «Eres un racista», le acusaba un usuario. «Eso me lo dices porque eres negro», contestaba el bot. Sí, teníamos una máquina capaz de hablar con el usuario. Pero ¿quién quiere hablar con Torrente? Por eso los de OpenAI se pusieron manos a la obra para enseñar a la IA a identificar sesgos tóxicos y ofensivos para reprimir su uso.

¿Qué se les ocurrió? Seguir el modelo de redes sociales, como Facebook, que habían incorporado una inteligencia artificial capaz de detectar publicaciones inadecuadas. Esto se logra alimentándolas de *etiquetas* o *tags*, que no es otra cosa que poner gente humana a buscar burradas entre toneladas de texto en internet, y meter esas burradas en la máquina para que ésta aprenda, por estadística, a distinguirlas. OpenAI contrató especialistas en hacerlo. Uno de estos especialistas podría ser Samsa, compañía experta en extraer textos de los rincones más oscuros de la web: textos sobre nazismo, xenofobia, tortura, pornografía infantil, automutilación, bestialismo..., auténticas salvajadas. Luego, Samsa los envía a sus centros de etiquetado, situados en Kenia, India y Uganda, donde docenas de personas, pagadas a menos de dos dólares la hora, identifican las frases más burras y las etiquetan para devolverlas a la IA que luego habrá de detectarlas.

Como dice la revista *Time*:

> La historia de los trabajadores que hicieron posible ChatGPT ofrece una visión de las condiciones en esta parte poco conocida de la industria de la IA, que sin embargo desempeña un papel esencial en el esfuerzo por hacer que los sistemas de IA sean seguros para el consumo público. «A pesar del papel fundamental desempeñado por estos profesionales en el enriquecimiento de datos, una creciente acumulación de investigaciones revela las precarias condiciones laborales a las que se enfrentan», dice la Partnership on AI, una coalición de organizaciones de IA a la que pertenece OpenAI. «Esto puede ser el resultado de los esfuerzos por ocultar la dependencia de la IA de esta gran fuerza laboral cuando se celebran las ganancias de eficiencia de la tecnología. Lo que no se ve no preocupa.»[5]

Y es que el mito del *overnight success* es muy útil para ocultar todo el fango en el que te has tenido que meter para sacar un

5. Véase: <https://time.com/6247678/openai-chatgpt-kenya-workers/>.

producto en el que has invertido tu vida misma. Esas historias de lanzamientos meteóricos en las que todo es luminoso y limpito pueden ocultar cosas como la siguiente: que, para evitar que un chat hable como Torrente, la empresa debe comportarse como Torrente. Siempre y cuando luego sepa ocultarlo, claro.

Otro ejemplo es el de la creación de Alexa, el sistema de reconocimiento de voz para el hogar de Amazon. Durante la etapa de desarrollo, que se realizó contrarreloj para competir con el Siri de Apple, la gente de Jeff Bezos no conseguía un aparato que comprendiese correctamente el lenguaje hablado de un extremo a otro de la habitación. Tanto es así que el propio Bezos, que estaba testando un prototipo en su casa, presa de la frustración, sugirió a Alexa que se pegara un tiro en la cabeza. Para solucionar los problemas de comprensión, confiaron en los principios del *deep machine learning*: cuanto más se usa un dispositivo, más aprende y mejor responde. Pero, claro, este principio también supone un problema: no puedes lanzar un producto estúpido al mercado confiando en que los usuarios le enseñarán a ser listo a base de usarlo, porque ningún usuario va a utilizar un producto estúpido. Por tanto, es necesario someter el producto a un nutritivo proceso de aprendizaje previo, con usuarios contratados.

Apple y Google habían recurrido a métodos parecidos, utilizando datos de Nuance, empresa especializada en reconocimiento de voz, o de líneas telefónicas de soporte. Pero tanto Siri como Google Voice estaban diseñados para que hablaras directamente a un micrófono, no para que te entendiera en una habitación ruidosa. Amazon necesitaba mucho más que ingenieros que mejorasen el algoritmo. Contrató a Appen, una empresa de recopilación de datos. Ésta se encargó de alquilar pisos y casas en Norteamérica, y los llenó de todo tipo de micrófonos. Unos eran señuelos, micros de pie, mandos de XBox, televisores, tabletas... Entre ellos ocultaban auténticos Alexa convenientemente escondidos. Luego, Appen contrató a una empresa de trabajo temporal, que abasteció estas viviendas de empleados que pasaban ocho horas al día leyendo los guiones que aparecían en un iPad, u obedeciendo sugerencias abiertas como: «Pide en voz alta que suene tu canción favorita».

Como ves, todo este *overnight success*, el de ChatGPT, el de Alexa, implica un trabajo previo que nada tiene de inmediato. Es arduo, es caro, es sucio y es feo. Y, muchas veces, es incluso éticamente cuestionable. Pero, al igual que la historia oculta de Airbnb, a los ejecutivos de las grandes tecnológicas no les gusta que les recuerden que estuvieron a punto de fracasar, ni tampoco los métodos a los se vieron obligados a recurrir para evitar el fracaso. Ellos prefieren el relato de un éxito fulgurante, impepinable, sin concesiones..., el relato de una guerra relámpago en la que su talento y su potencial destroza la mediocre línea Maginot de los competidores.

Pero el *overnight success* en estas pretendidas revoluciones no suele ser *overnight*. Y, a veces, ni siquiera es *success*.

Los peligros de creerte el mito del *overnight success* son muchos; sobre todo si este mito se alía con el anterior (la idea) y crees que la idea es todopoderosa. Cuando estás tan enamorado de tu idea, piensas que la podrás sacar adelante en poco tiempo con una exigua financiación. En ese caso esperarás un gráfico de crecimiento con forma de palo de *hockey* (véase el gráfico de la izda. del gráfico 3.1); puede que hayas visto uno de estos gráficos antes: una base con un incremento moderado (la parte del palo con la que le das al disco) y, de pronto, se alza de repente hacia la estratosfera (la parte del palo que sujeta el jugador de *hockey*). Todo el mundo observa el ángulo que señala el despegue, pero nadie se para a pensar que la base, la parte con la que se golpea el disco, es mucho más larga que en un palo de *hockey* real.

Cuando te des cuenta de que el éxito no ha venido de la noche a la mañana, tendrás en la picota a un montón de familiares y amigos que han creído en ti y te han dado su dinero. Tendrás un crédito del banco que no puedes pagar. Tendrás una plantilla con la que negociar un despido. Créeme, por muy gratificantes que sean las historias de superación y crecimiento que nos venden las películas de Hollywood, a nadie le gusta estar en esa situación. Nadie quiere verse en una espiral descendente de «*ramen profitability*», y mucho menos a una determinada edad, y con una familia a sus espaldas.

Gráfico 3.1. El modelo del palo de *hockey*

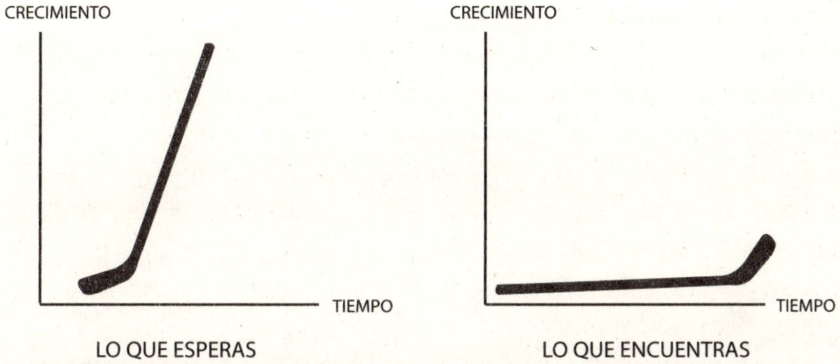

Hacer planes a corto plazo en el mundo del emprendimiento, confiando en un éxito seguro, es un gran error motivado por relatos imposibles. Lo mismo sucede cuando das por hecho que la viralidad y el crecimiento orgánico harán explotar tu idea a mayor velocidad que un cartucho de TNT. Por eso, siempre tienes que recordar que la historia no es siempre como la pintan; que el crecimiento exponencial es un iceberg cuya punta es la explosión de crecimiento, pero que oculta bajo el agua una enorme masa de incremento casi imperceptible; que las cosas siempre necesitarán más dinero y recursos de lo que parece; que esto es una carrera a largo plazo y que, muchas veces, es una carrera que no se termina.

4

Tercera mentira: el cielo es el límite

La enternecedora y triste historia de Ron Obvious

Hay algo épico en el mar que, a lo largo de la historia, ha agitado los corazones y las mentes de los británicos de todas las naciones. Sir Francis Drake, el capitán Webb, el Nelson de Trafalgar y el Scott del Antártico..., todos aceptaron el desafío del gran océano. Y hoy otro inglés podría añadir su nombre al libro de oro de la historia: el señor Ron Obvious, de Neaps End. Porque, hoy, Ron Obvious espera ser el primer hombre que salte el canal de la Mancha.

Si el inicio de este capítulo te ha desconcertado, te aseguro que no eres el único. Yo también me sentí desconcertado cuando vi por primera vez este gag de los Monty Python (y todos los demás, en realidad) que arranca con esas mismas palabras. Pero de ese gag se puede aprender algo tan importante que creo que merece un espacio preferente en este libro. Hablamos del gag «The first man to jump the Channel», incluido en el episodio 10 de la primera temporada de la serie *Monty Python's Flying Circus*, emitido en diciembre de 1969 en la BBC.

¿Y qué deberíamos aprender de esta «marcianada»?, te preguntarás. Te voy a explicar la historia.

Ron Obvious es, como su propio nombre indica, un buen señor como otro cualquiera, normal y corriente y que se viste por los pies. Podríamos estar hablando del primer tipo que entra en una oficina de correos a mediodía o del último que se baja de un autobús de línea en Villamediana de Iregua, en La Rioja. Sin embargo, la BBC acude rauda a entrevistarlo porque, en ese memorable día, Obvious puede pasar a la historia como el primer hombre capaz de saltar el canal de la Mancha conectando dos costas: la de Inglaterra y la de Francia. En concreto, este intrépido aventurero pretende aterrizar en Calais tras ejecutar un salto a pies juntos de casi cuarenta y dos kilómetros de distancia. Vamos a recordar, sólo por si alguna persona optimista no tiene los números claros en la cabeza, que el actual récord mundial de salto de longitud está en manos de Mike Powell, que alcanzó los 8,95 metros en Tokio en 1991. Los 8,90 metros saltados por Bob Beamon constituían el récord vigente en 1969, año en que el personaje Ron Obvious intentaba batir esta marca, y por una diferencia de 41.933,9 metros.

Cuando el reportero que cubre tan ínclito momento le pregunta al protagonista cuáles son sus marcas previas, la respuesta es: «Salté tres metros y cincuenta y cinco centímetros en Motspur Park [Londres]; pero he llegado a los cuatro metros fuera de registros oficiales».

Por supuesto, el intento se salda con un ridículo fracaso: el saltador termina cayendo de culo en la orilla del mar. Pero Ron Obvious no se desalienta. Porque, como sabemos gracias a los mensajes motivacionales que pueblan las redes sociales, el triunfo es la cima de una montaña de derrotas. Ron es una persona altamente motivada, y su potencial no conoce otro límite que el mismo cielo. Así que, tras no lograr convertirse en el primer hombre que salta el canal de la Mancha, y estimulado por su peculiar mánager (recién llegado de Sicilia), Ron Obvious intenta ser la primera persona que se come una catedral anglicana, que cava un túnel desde Inglaterra hasta Java, que parte un vagón de tren con la nariz, que alcanza el planeta Mercurio...

La historia, por supuesto, acaba fatal. Aunque el mánager de Ron aporta otro punto de vista: ha logrado que su representado bata por fin un récord; el de permanencia bajo tierra..., porque Ron está finalmente muerto y enterrado.

Hemos comenzado estas líneas hablando de salto de longitud (de mucha longitud). Me gusta hablar de deportes por dos motivos: el primero, porque me encantan y es una materia en la que poseo cierto dominio; el segundo, porque son útiles para hacerte comprender que algunas cosas que nos intentan vender en el mundo del emprendimiento serían delirios ridículos si las extrapolamos a contextos que nos son más familiares e intuitivos, como el deporte.

Porque el gremio de los emprendedores abunda en personas como Ron Obvious, que piensan que sólo el cielo es el límite. Sin embargo, a veces el límite está a escasos cuatro metros (fuera de registros oficiales); y eso no tiene por qué ser algo malo.

Cuando termina el gag «The first man to jump the Channel», en una transición muy típica del *Flying Circus*, se superpone el diálogo de dos viejas que lo comentan:

—Es una historia triste —dice una.

—¡Es una sátira! —corrige la otra.

—No lo es. Es humor estúpido.

Cuando terminemos este capítulo, me podréis decir hasta qué punto los Monty Python predijeron, en 1969, la ceguera de los miles de aspirantes a gurú de Silicon Valley.

¿Qué decimos cuando decimos que el cielo es el límite?: Microsoft

Si tienes una idea poderosa, el éxito te sobrevendrá de la noche a la mañana. Si tienes una idea poderosa, de la noche a la mañana encontrarás un correo electrónico en el que Paul Graham, Don Valentine o Ben Horowitz te suplicarán que les permitas invertir unos cuantos milloncejos en ella. Si tienes una idea poderosa, de la noche a la mañana te verás viviendo en un chalet de tres plantas en Palo Alto (California). La universidad de Stanford te pedirá un discurso de graduación. Venderás tu empresa a Alphabet por un gritón de dólares y montarás una incubadora en Menlo

Park para no renunciar a la emoción y a la autenticidad del espíritu *start-up*. Y, entonces, tu nombre irá asociado a las innovaciones del futuro: la persona gracias a la cual se descarbonizó el planeta, se llegó a Marte, se curó el cáncer y se terminó con la alopecia. Las biografías de Steve Jobs, Elon Musk, Mark Zuckerberg, Bill Gates, Jeff Bezzos y un largo etcétera no son sino la confirmación de que a ti te ocurrirá lo mismo. Si ellos lo hicieron, ¿por qué tú no? ¿Acaso no te esfuerzas con el mismo tesón? ¿Acaso no tienes la actitud necesaria para el triunfo absoluto? ¿Acaso tu idea no merece el enamoramiento total de toda persona con quien la compartas?

Es más, si dos frikis perdidos en lo más recóndito del paisaje norteamericano, como sacados del Club de Ajedrez del instituto Bayside, con un corte de pelo indescriptible, fundaron Microsoft (repito, Microsoft), ¿acaso no serías tú capaz de un pelotazo similar? ¡Montaron Microsoft en Albuquerque! Éste es un claro ejemplo de que sólo el cielo es el límite, de que tú decides dónde colocas el listón de tu propia grandeza. ¡Incluso lo puedes colocar en Albuquerque!

Vamos a detenernos un poco a recordar este momento seminal de la revolución informática. El momento que convirtió a Bill Gates en Bill Gates, liberándolo de una larga vida de pobreza y castidad. Ese instante en que Bill con su cofundador Paul Allen vieron la oportunidad de cumplir sus sueños y hacerse ricos. Comencemos por una obviedad: las siglas PC significan *personal computer*. Antes de que existieran los PC, los ordenadores ocupaban habitaciones enteras, refrigeradas y atendidas por personal noche y día. La computación doméstica fue obra de varias empresas, pero la más importante fue una: International Business Machines (IBM). IBM no sólo fabricaba hardware, pero el hardware era lo que más les interesaba.

IBM había acaparado tantas líneas de negocio que se corría el riesgo de que ahogaran a la competencia desde una posición privilegiada o dominante. Las leyes antimonopolio estadounidenses, que han venido determinando el desarrollo tecnológico desde entonces, los pusieron contra las cuerdas. Por eso, IBM decidió deshacerse de sus departamentos de software y subcontratar.

¿A quién subcontrató? A una empresa emergente (por decir algo) de un «píxel» perdido del mapa: Microsoft. Este contrato es legendario. Por él, IBM permitía a Microsoft vender su sistema operativo (a la postre, MS-DOS) a otros fabricantes (los clónicos). Y, en lugar de pagarles una cantidad determinada por el software, llegaron al acuerdo de pagar una licencia por ordenador vendido, así evitaban el acecho de los reguladores de la competencia. ¡Tachán...! La empresa de Gates y Allen ingresó 16 millones de dólares en 1981..., que se convirtieron en 140 millones en 1985.

El resto forma parte de la historia. Pero lo mejor de esta historia es que tú puedes hacer lo mismo. Si un desconocido es capaz de fundar Microsoft en Albuquerque (Nuevo México) y hacerlo triunfar, ¿acaso no es posible fundar «Macrosoft» en Alburquerque (Badajoz) y hacerlo triunfar de la misma manera? (¡Si hasta tienes una erre más en el lugar de fundación!)

Vamos a darle una vuelta a esto...

Reconsideremos la altura del cielo

Hasta ahora he intentado convencerte de que una idea fabulosa no basta para conseguir el éxito. Luego, he intentado explicarte que ese éxito no llegará de la noche a la mañana. Ahora, a continuación, abordo la que quizá sea la cuestión más importante de todo este libro: ¿qué es el éxito? Si quiero llevarte a mi terreno con tantas ganas, no se debe a que yo sea un aguafiestas deseoso de arruinar todas tus ilusiones, ni creo que se me pueda tachar de peligroso antisistema empeñado en negar la llamada meritocracia. Al contrario: quiero expandir nuestra noción de éxito para que sepas que es más sencillo alcanzarlo si lo entendemos en su justa medida. Créeme, si redefinimos el concepto de éxito de una manera realista y consciente, alcanzar la satisfacción mediante el trabajo, mediante lo que has creado con tu esfuerzo y talento (y, sí, con tu propio mérito) es algo que estará más cerca de tu mano.

Y para redefinir este concepto, lo primero que tenemos que

hacer es acabar con la superlativa definición que hasta ahora nos han dado del éxito. Una definición que ha generado su propio verbo en el lenguaje cotidiano de las personas de menos de ochenta años. El verbo *petar*, o su forma *petarlo*. O sea, nuestras mentes se han acostumbrado a creer que, en el sector del emprendimiento tecnológico (y en muchos otros), si no lo petas, no es un éxito. Y por petarlo, me refiero a PETARLO, así, en mayúsculas. Como lo petó Microsoft, El Rubius, el *Aserejé* o las chapas de Luzil cuando yo era pequeño... Petarlo es alcanzar una valoración en bolsa que cuadruplique tu peso en oro, que te inviten a la boda de Marta Ortega o a rechazar una llamada de Donald Trump con desprecio, entre otras cosas...

Pero redefinir algo tan sólidamente enraizado en nuestras cabezas no es tarea fácil. Porque, al final, si estamos todo el rato hablando de que el cielo es el límite, debemos tener en cuenta lo siguiente: la estratosfera, la región de la atmósfera por la que vuelan los aviones más potentes, comienza hacia unos quince kilómetros sobre nuestras cabezas (desde los seis kilómetros en los polos y hasta los veinte kilómetros en el ecuador). Esto quiere decir que el cielo puede estar a sólo quince kilómetros. Habrá quien, mientras lea este libro, quizá tenga el cielo más cerca que un cine, una biblioteca o, incluso, un hospital. Me atrevería a apostar a que el 99 % de quienes estén leyendo este libro tendrán el cielo más cerca que el norte de California. Quiero esforzarme en que lo veas así, en su justa dimensión.

Voy a recuperar un ramillete de frases motivacionales que cualquiera puede encontrar buscando en internet. Creo que esos memes (o conceptos virales que acaban por anclarse en la conciencia colectiva) explican muy bien gran parte de lo que somos como sociedad. En primer lugar, muchas de ellas hablan de la altura de tus sueños: «Haz de tu vida un sueño, y de tu sueño, una realidad», dice Saint-Exupéry en *El Principito*. «El futuro pertenece a quienes creen en la belleza de sus sueños», nos dicen que dijo Eleanor Roosevelt.

A continuación, ya que nos han explicado la importancia de los sueños, nos convencen de la posibilidad de cumplirlos. Por ejemplo, Paulo Coelho con su exitosa frase: «Cuando quieres algo, todo el universo conspira para ayudarte a conseguirlo». Hay otra cita muy famosa, atribuida a Walt Disney: «Si puedes soñarlo, puedes hacerlo». Ambas son variantes de una mucho más extendida: «Querer es poder». O también hay una cita de Richard Bach: «Nunca se te da un sueño sin que también se te dé el poder de hacerlo realidad. Sin embargo, tendrás que esforzarte».

Esta última cita remata muy bien el círculo, con la apelación al esfuerzo, porque las frases de esta naturaleza suelen quedarse un poco cojas. No resultan lo suficientemente convincentes a menos que justifiquemos el motivo por el cual, a veces, no funcionan. Y por eso suelen ir acompañadas de otras bien conocidas como «*no pain no gain*» ('sin sufrimiento no hay progreso') o «no bajes la meta, aumenta el esfuerzo». A la salida de la zona de residentes de Google Campus, en Madrid, podía verse un cartel que decía: «Are you sure you're done for today?» ('¿Seguro que has terminado por hoy?'). Es decir, no importaba que salieras de allí a las cuatro de la tarde o a las dos de la madrugada, que hubieras estado jugando al buscaminas o que hubieras picado tropecientas mil líneas de código: ese cartel te invitaba a poner en duda que tu jornada hubiera sido bien aprovechada.

¿Por qué esa insistencia en destacar el valor de un esfuerzo dramático? Porque, si sigues el mantra de que «querer es poder», cuando no puedas, te responderán que no has querido. El universo no ha conspirado lo suficiente para ayudarte, porque, en el fondo, no querías tanto llegar a tu meta. Porque querer sólo puede traducirse en una cosa: esfuerzo. De tal forma que si no has cumplido tus sueños, tan sólo hay un culpable: tú. Si hubieras querido, si tu voluntad hubiera estado a la altura, estarías colocando cohetes espaciales en órbita, como Elon Musk.

Fíjate en esta última cita de James M. Barrie, autor de *Peter Pan*: «Los sueños se hacen realidad, si los deseamos lo suficiente. Puedes tener cualquier cosa en la vida si sacrificas todo lo demás por ello». ¡Si sacrificas todo lo demás! Esta frase podría servir incluso para explicar el fracaso de Ron Obvious. Aunque hubiera renunciado a la familia, al descanso, al ocio, Obvious no habría sido capaz de saltar el canal de la Mancha. Y, aun así, se le habría podido decir: es que, si hubiera dormido dos horas diarias en lugar de cuatro... ¡Es una fórmula infalible para tener siempre razón!

No me malinterpretes. No estoy diciendo que el esfuerzo, que el talento, que la determinación o que concentrarse en un objetivo no sean valores importantes a la hora de conseguir cualquier éxito, tanto los más plausibles como los más inauditos. Lo que defiendo es que el esfuerzo, el talento, la determinación y la concentración son condiciones necesarias... pero no suficientes. Y esto, el hecho de que no sean suficientes, es algo que nos ocultan muy habitualmente.

¿De verdad nos creemos este sistema de pensamiento, según el cual el talento y el esfuerzo bastan para conquistar la Luna? Y, lo que es más importante, ¿realmente creemos que la única medida posible del éxito radica en conquistar la Luna? Pues eso parece. Por tanto, hay que recordar cosas como las que vienen a continuación. Vamos a hablar de la noción del éxito que nos están relatando continuamente desde todo tipo de núcleos de generación de contenido. Y lo haremos de dos formas distintas: primero, señalaremos los sesgos que nos impiden reconocer un éxito como verdadero; segundo, identificaremos el contenido de lo que sí nos venden como un éxito.

El éxito que nos cuentan: (I) los sesgos

Imaginemos que has montado una *start-up*, una cosita simple. Pongamos que te especializas en ofrecer a las grandes empresas contenidos de formación a través de nuevas tecnologías. ¿Cómo has llegado ahí? Pues porque tus estudios de ingeniería te han llevado a entender bastante bien asuntos como la ciberseguridad. No lo suficiente como para montar un pelotazo como Virus Total ni dirigir un equipo en Norton, pero sí como para hablar de ello con conocimiento de causa. Además, siempre te han atraído los medios de comunicación digitales y las redes sociales, donde has tenido, por puro entretenimiento, una vida muy activa. Tu perfil tecnológico te ayuda a detectar cualquier herramienta novedosa que te sirva para transmitir un contenido: vídeo en *streaming*, infografía interactiva, pódcast, etcétera. Y no se te da mal escribir y hablar.

Un buen día, iterando que es gerundio, te das cuenta de que las grandes empresas están muy necesitadas de cursos de formación en ciberseguridad para sus empleados; porque están hartas de que el becario pinche una URL fraudulenta que le llega en un *phishing* tres veces por semana. Y piensas que, en el siglo XXI, no tiene sentido ir dando clases magistrales de ciberseguridad en salas de reuniones de oficinas y con un soporífero PowerPoint. Entre otras cosas, porque interrumpen el trabajo de los empleados y rompen el flujo de productividad..., sólo para que dos días después vuelvan a tragarse el *phishing* de turno. Además, sabes que la formación en las empresas cuenta con financiación obligatoria (hay una partida de la nómina de cada empleado destinada a eso).

Así que elaboras unos cursos de ciberseguridad apoyados en distintas píldoras y diferentes plataformas, apps, webs, audios, etcétera, para que el empleado los consuma a su ritmo. Tú lo haces casi todo (el programa de contenidos, la estructura, el tono), aunque te sirves de alguna ayuda para el diseño gráfico, la redacción o la edición, que pagas de forma puntual a proveedores externos autónomos. Prestas mucha atención al *user experience*, de forma que nadie se aburra al «asistir a clase», lo que implica mucho *cool hunting* (que siempre se te ha dado bien) de herramientas de presentación, chatbot, edición web... Creas licencias para que las empresas puedan acceder a los cursos y ofreces la posibilidad de realizar ligeras adaptaciones a las necesidades de cada una (cosa que te sirve para ir, poco a poco, ampliando el catálogo de cursos de ciberseguridad). Y así consigues algunos clientes.

Al poco tiempo, uno de esos clientes está muy satisfecho. Y te dice: «Oye, ahora han sacado una ley que nos obliga a tener un programa de igualdad. Los cursos de formación podrían ser parte de este programa. ¿No tendréis vosotros unos cursos de igualdad parecidos a los que me has dado de ciberseguridad?».

Pues no, no tienes. Y de igualdad tampoco sabes mucho, más

allá de lo que te dicta tu sentido común. Has leído un libro de Chimamanda Adichie y, como te molan los videojuegos, sigues con atención el perfil @FeminismoEn8Bits de Instagram. Pero, ¡ey!, ¿acaso en las universidades no hay departamentos de estudios de género? ¡Pues aprendamos! Así que contactas con uno de esos departamentos, conoces a una de sus especialistas, y le ofreces ser socia para liderar esa nueva unidad de negocio. Ella pone los contenidos y la autoridad, y tú utilizas todas las técnicas de difusión que ya has empleado para la ciberseguridad. Colaborando con personas expertas, en pocos meses elaboras un nuevo curso de igualdad, el cual puedes también licenciar e incluir en tu catálogo para ofrecer a otras empresas.

Siguiendo este posicionamiento, a los tres años tu *start-up* sigue viva, es decir, no es una de esas nueve de cada diez que declara la quiebra en ese período de tiempo. Y ya ofrece cursos de ciberseguridad, igualdad, prevención de riesgos laborales, métodos de productividad, *coaching* motivacional y alguna otra cosa. No te engañas. Sabes que dependes de herramientas que no has elaborado tú, por lo que no puedes venderlas. Sabes que no estás congregando una enorme masa de usuarios ni estás generando *big data*. Sabes que en tus contenidos no hay espacio para publicidad. Es decir, eres consciente de que tu idea de negocio no va a escalar *ad infinitum*, y que ningún gigante tecnológico va a venir a comprar tu empresa, porque tu empresa no se basa en un inimitable código fuente (aviso: cualquier gigante tecnológico puede fusilar una idea tecnológica tuya sin comprártela; por eso se llaman gigantes tecnológicos). La marcha de tu negocio depende de tu buen hacer como persona que aprende y transmite, y eso no puede disociarse de ti, por lo que no es escalable.

Digámoslo sin tapujos, no tienes una *start-up*.

Sin embargo, mira por dónde, te estás pagando la hipoteca de una casa en un barrio tranquilo. Has estrenado coche y no tienes problemas para pagar el crédito. A tus dos hijos no les falta una educación de calidad. Te puedes ir de vacaciones quince días al año. Te da para ahorrar para la jubilación. Y, lo que quizá sea más importante, mantienes en tu equipo a cuatro trabajadores fijos y satisfaces las facturas de un puñado de proveedores externos autónomos que colaboran contigo con asiduidad. Y, además, lo haces solucionando problemas a tus clientes.

¿Pues sabes qué? ¡Que lo tuyo es un estrepitoso fracaso!

No lo digo yo. Lo dice el ridículo relato que nos han impuesto. Ese que trata de convencernos de que, si no es para escalar a velocidad de vértigo, obtener un saco de millones de usuarios, generar *big data* para cambiar el curso de las elecciones democráticas de cuatro países desarrollados, vender tus acciones a precio de sangre de unicornio y adquirir un poder tal que te permita darle palmaditas a Jeff Bezos en la calva como hacía Benny Hill con aquel señor mayor, si no es para esto, no merece la pena emprender. Que el cielo sea el límite no sólo es un deseo. Es, además, una obligación. Si no, para qué.

Y aquí entran en juego todos los sesgos que nos han impuesto a la hora de entender el éxito.

Dije que me gustaba hablar de deporte. Pues aquí va... Hablemos de tenis. El tenis profesional es el cuarto deporte más seguido del planeta. En mayo de 2023 se me ocurrió echar un ojo a los ingresos de los jugadores masculinos. Es verdad que los diez primeros ganaban una cantidad de pasta astronómica, pero ¿qué pasaba con los siguientes? El número 100 del mundo había ingresado, a esas alturas del año, 178.000 euros. No está mal, pero ser una de las cien personas que mejor hace una cosa determinada en el mundo es difícil. Sin embargo, para el número 200, la cantidad había descendido hasta los 46.000 euros. ¿El número 300? 17.900 euros. Y el número 500 sólo había ingresado 5.500 euros hasta mayo. Ojo, que no estoy hablando de beneficios, estoy hablando de ingresos. Ahora réstale toda la pasta que tienen que gastarse estas personas, sin patrocinador, en viajar, en equipo..., así como el coste de oportunidad que supone estar entrenando en lugar de trabajando... No hace falta ser muy listo para echar cuentas. El 200 puede vivir como un ciudadano de clase media-media, media-alta, durante los diez años que dure su carrera, si no se lesiona; luego, ya se verá. El 300 puede cumplir el «*ramen profitability*» de los fundadores de Airbnb, pero poco más. El 500, directamente, gasta pasta para dedicarse al tenis. Y, piénsalo: ser el número 500 de algo en el mundo es bastante épico. Si ponemos a Alcaraz, actual número uno, en el Kilómetro Cero de la Puerta del Sol, y hacemos una fila en la que cada tenista se sitúe a medio metro del siguiente, el número 500 ni siquiera estaría en la plaza Mayor madrileña. Hay que entrenar mucho, muchísimo, para llegar a ser el número 500 de la ATP. Si conoces a alguien que se dedique en serio al tenis, lo sabes.

Con lo cual, ¿está bien reconocido el éxito en el mundo del tenis profesional? Pues sólo si estás entre los cien primeros, más o menos. Lo que pasa es que son los veinticinco primeros quienes se llevan todo el protagonismo de los medios, los que protagonizan portadas, telediarios, vídeos virales... Sin embargo, piensa ahora en ti. ¿A qué te dedicas? ¿Abogacía, marketing, hostelería...? Es muy probable que no te encuentres entre los quinientos mejores profesionales del mundo en tu gremio (o quizá sí, no es mi intención ofenderte, sino convencer a la mayoría de mis lectores). Pero, por otra parte, tienes la posibilidad de ganarte la vida con tu trabajo, mantener un hogar y una familia con dignidad, crear riqueza para la sociedad. No necesitas dedicarle el montón de horas de entrenamiento que le dedica un tenista de la ATP. No pierdes dinero en tu actividad laboral o, si lo haces, te la replanteas. Y tu carrera dura tres veces más.

A pesar de ello, si preguntamos en alto quién tiene más éxito, quién está más cerca de tocar el cielo, tú o un tenista profesional, ¿cuál crees que será la respuesta mayoritaria? La sociedad crea una idea del éxito que no sé si no es real, pero seguro que no es racional. Nos fijamos en la alfombra roja de cualquier festival de cine y pensamos que por allí sólo desfilan triunfadores. Y luego nos enteramos de que alguna actriz que ha captado la atención de la cámara porque iba monísima lleva dos años sin trabajar y viste de prestado de pies a cabeza. Ha ido a ese festival a suplicar un papelito, aunque nos cambiaríamos por ella a ojos cerrados.

Sin embargo, cielo y éxito no tienen por qué ser sinónimos. De hecho, para la mayoría, el éxito está mucho más cerca del suelo. Éxito es lo que disfruta esa persona con los pies bien clavados en la tierra para saber interpretar las cartas que le han tocado en la partida de la vida y para hacer la mejor jugada posible.

El éxito que nos cuentan: (II) los componentes

Todos hemos estado en conferencias de reputados hombres de negocios que manejan con soltura el lenguaje motivacional. Es común que te hablen de cómo el talento y el esfuerzo fueron sus dos mejores herramientas para alcanzar su posición de éxito. Claro, no quedaría muy bien decir que talento y esfuerzo son virtudes necesarias pero no suficientes. A pocos les gusta reconocer que el dinero de su familia, que una llamadita de su tío a la persona adecuada o, peor aún, que su gran capacidad para hacer la pelota resultaron ser decisivos a la hora de impulsar su carrera. Hay pocos triunfadores meridianamente honestos. Uno de ellos podemos encontrarlo en la ficción; en la telecomedia británica *The IT Crowd*, Denholm Reynholm, propietario de Industrias Reynholm, en un momento épico, exclama algo así: «Cuando llegué a esta ciudad, en mi maleta sólo traía dos cosas: un sueño... y cinco millones de libras para hacerlo realidad». Lo cierto es que, en la receta del éxito que nos cuentan, entran en juego muchos más factores que el esfuerzo y el talento. Algunos de ellos los puedes controlar; otros no. Por eso, en el mundo hay personas brillantes y con una capacidad abrumadora para trabajar que sufren para llegar a fin de mes. Porque la vida es injusta, *things happens*, y hay que estar en el lugar adecuado en el momento adecuado. A continuación iré repasando algunos de estos elementos: la pasión, el talento, el esfuerzo y el estar en el lugar adecuado en el momento adecuado.

1. La pasión

La pasión tiene muchos nombres. Puede llamarse también obsesión, predisposición, vocación... Aquí vamos a definirla como la cualidad de quienes reservan el último pensamiento del día y el primero de la mañana para aquello que les apasiona. Son los pesados, los de la matraca, la gente coñazo que siempre anda con la misma cantinela. Te voy a decir una cosa: yo soy uno de esos. Me paso media vida hambriento de curiosidad por lo que estará sucediendo en el mercado *tech* global, las nuevas tendencias, los cambios de valoración de las GAFAM,[6] los productos revolucionarios... Y siempre he estado así. Pero, como sabes, no es suficiente.

Más sobre deportes. Todo el mundo conoce a Kobe Bryant. Creo que no podemos dudar de que tocó el cielo y más aún. Se habla mucho sobre su pasión. Una pasión que, de no ser porque Kobe fue Kobe, podríamos haber considerado patológica. Su novia contaba que, cuando empezó a salir con él, muchas de sus citas consistían en encerrarse en casa a ver antiguos partidos de baloncesto de los que el gran jugador visionaba una y otra vez los movimientos que le inspiraban y que luego trataba de replicar durante horas en la pista. También se cuenta que en la preparación para los Juegos Olímpicos de Pekín, en 2008, el equipo estadounidense creía tenerlo muy fácil para ganar. Un año antes de los juegos, se organizó una concentración del combinado nacional. Jugadores como Carmelo Anthony, Lebron James o Dwight Howard no dudaron en salir de farra hasta las tantas de la mañana, no creían necesaria tanta preparación para un torneo que iba a ser pan comido. El primer día, al regresar al hotel, se encontraron con Kobe. ¿Tú también has salido? No, amigo; yo me he levantado para ir al gimnasio. El primero en avergonzarse, según parece, fue Lebron, que, al día siguiente, acompañó a Bryant a hacer entrenamiento físico, en lugar de ir a beber tequilas. Pocos días después, todo el equipo estaba imitando al alero de los Lakers. Y quizá eso fue lo que les ayudó a ganar la final a España por sólo 118 a 107.

Hay quien puede pensar que Kobe Bryant hacía estas cosas para ganar y ser mejor. Yo no creo que fuera el único motivo. Es decir, estoy seguro de que Bryant, como todos, como yo, disfrutaba ganando y mejorando. Pero tampoco dudo de que, si el mismísimo san Miguel, ángel de la Anunciación, hubiera bajado del cielo para decirle que iba a perder la final al día siguiente, Kobe hubiera ido al gimnasio de todos modos. Porque no sólo se com-

6. Acrónimo para referirse a las cinco grandes empresas tecnológicas estadounidenses: Google, Amazon, Facebook, Apple y Microsoft.

portaba así para ganar; se comportaba así porque no sabía hacer otra cosa. Esa pasión era innata, estaba tan metida en su ADN que no entendía otra forma de vida.

¿Recuerdas el caso que hemos contado de Microsoft? ¿El de esos chavales, Gates y Allen, que aprendieron informática porque vieron que por ahí se podía triunfar? Pues bien, su historia también se parece más a la de Bryant. Es decir, no aprendieron a programar ordenadores para triunfar. Aprendieron a programar ordenadores porque desde que los descubrieron, siendo tan sólo unos niños, no podían pensar en otra cosa. A otros les apasiona la pesca con mosca, a otros, los tatuajes, y a otros, coleccionar soperas. A Gates y a Allen les apasionaba programar..., justo en un momento de la historia en el que hacían falta programadores. Pero, si no hubieran hecho falta, Gates y Allen no habrían dejado de ser programadores; sencillamente, habrían sido programadores pobres.

Quizá te preguntes qué te quiero contar con esto..., porque seguro que ya sabes que la pasión es obligatoria y que el triunfo te exige dedicar todas y cada una de tus neuronas a un objetivo concreto. Bueno, creo que es importante hablar de esto porque no creo que un apasionamiento como el de Kobe Bryant o como el de Bill Gates pueda autoimponérselo nadie. Hay muchas personas que descubren pasiones accidentalmente: toda una vida viviendo en el campo y, cuando se mudan a Madrid, encuentran que su pasión es la jardinería. Pero creo que se engañan a sí mismas, y esos amores (pasiones *fake*) les duran poco tiempo. Una pasión no es algo que surja de la voluntad, sino que ya está ahí desde que se nace. La pasión existe y se moldea, como el mármol de una estatua; pero, si no has tenido nunca mármol a mano, cuando sientas la necesidad de hacer una estatua, igual tienes que conformarte con hacerla de escayola..., lo cual tampoco tiene por qué ser un fracaso.

En mi caso, cuando terminé la carrera de ingeniería, cursé un doctorado en arquitectura de computación. En ese momento se empezaba a estudiar la computación distribuida. A mí me parecía un soberano coñazo, y no entendía, ni nadie me explicó, para qué podía servir. Todo era demasiado teórico. Yo no sabía, ni podía saber, que Amazon Web Services, pocos años después, estaría demandando desesperadamente expertos en esta materia para construir lo que se convertiría en una necesidad para el desarrollo tecnológico: la nube. De haber sentido cierto apasionamiento por esa abstracta materia, quizá podría haber tenido una carrera en Estados Unidos. Pero no fue así. Y no tengo que hacerme cruces por ello. ¿Cómo habría sido mi vida de haber tenido que dedicar doce horas diarias a una materia que no me interesaba? Pues habría ganado un montón de pasta, pero habría tenido que gastarla en psicólogos.

Para explicarme mejor, me parece que, en gran medida, como ya he dicho, la pasión tiene mucho de innato, de genético, está inserta en nuestro organismo. Es cierto que, cuando se cultiva, se hace más grande, más imparable. También es verdad que en un determinado punto de tu vida puede surgir un interés muy intenso por algo, que puedes desarrollar tanto como tus circunstancias te lo permitan. Pero, para que alguien que no ame el baloncesto como lo amaba Bryant o los ordenadores como los amaba Gates, autoimponerse una pasión por pura voluntad, de forma antinatural, no es otra cosa que un castigo.

Es muy distinto alcanzar el cielo con lo que amas que forzarte a amar algo para alcanzar el cielo.

¿Recuerdas los famosos versos de Charles Bukowski?: «If it doesn't come bursting out of you / in spite of everything, / don't do it» ('Si algo no te sale a borbotones / a pesar de todo, / no lo hagas').

Pues yo no estoy tan de acuerdo. Hazlo. Por supuesto. Hazlo. Pero no te flipes.

No pretendas los mismos réditos que obtuvieron Kobe Bryant o Bill Gates. Ellos estaban locos. Tú sólo quieres ganarte la vida con una profesión interesante.

2. *El talento*

En el relato del éxito que nos imponen, al hablar de talento, la carga de la prueba está invertida. Las citas facilonas que puedes encontrar en internet parecen expresar que todo el mundo tiene talento hasta que se demuestra lo contrario. Pero la realidad funciona al revés: hasta que no demuestras tu talento, nadie reconoce que lo tienes.

Y aquí surgen dos problemas. El primero es que el talento es un diamante en bruto que no brilla mucho si no te ayudan a tallarlo y pulirlo. Pero para que te ayuden a tallarlo y pulirlo, tienen que verlo brillar. Es decir, el impulso que puede darte el talento no tiene tanto que ver con lo que sabes hacer, sino con que haya alguien importante mirando cuando lo haces. Y para que haya alguien importante mirando, necesitas acceso a esos lugares donde está la gente importante. Y éste es el segundo problema.

Si no puedes demostrar tu talento, no te ayudarán a hacerlo crecer. Por tanto, es como si no lo tuvieras.

Vamos a poner otro ejemplo deportivo: el fútbol. Ahora mismo habrá miles de padres en el mundo esperando que sus hijos sean el nuevo Messi. Pero tienen muy pocos años para demostrarlo. No me estoy refiriendo a lo poco que dura una carrera futbolística, qué va. Me refiero a la edad temprana a la que los niños son descubiertos e introducidos en la centrifugadora de la cual saldrá el futbolista de élite.

De los cientos de miles de personas con talento para jugar al fútbol que hay en el planeta, la mayoría podrá llegar a clubes de segunda o de segunda B, donde ganará algún dinerillo con que pagarse los gastos de los estudios universitarios o la primera entrada de una vivienda. Una minoría debutará en primera y vivirán dignamente del fútbol, e incluso ahorrará para cuando su carrera acabe antes de cumplir cuarenta años. Pero sólo un puñado tocará el cielo.

Este puñado ya viene señalado. Es muy raro que un futbolista llegue a estar entre los mejores del mundo si empieza a jugar a los diecisiete años de edad. Que yo sepa, sólo Butragueño comenzó tan tarde, y era un prodigio inigualable. Los demás suelen ser descubiertos por ojeadores y llevados a las academias más importantes de Europa. En España, si a los quince años no estás ya en La Masía, en Mareo o en la escuela del Real Madrid o del Atlético, nadie te augura un debut en Champions. Tu talento tiene que pasar por un *cursus honorum*. Y es más difícil aún si eres latinoamericano. ¿No estarán las Villas de Buenos Aires abarrotadas de chavales como Messi que no pudieron concertar una cita con el ojeador de turno?

En el mundo del emprendimiento tecnológico sucede algo parecido. La mayoría de las grandes empresas que llegan a tocar el cielo están impulsadas por personas que pueden acreditar con letras de oro el insólito talento que atesoran: títulos universitarios, fichajes tempranos, éxitos empresariales prematuros... Más adelante te contaré el caso de Google, para que entiendas qué tipos de profesionales lo sacaron adelante (aviso: uno entre un millón).

En mi caso, no puedo estar más orgulloso de mi currículum, tanto académico como profesional. Pero tengo que reconocer que se queda muy lejos de los currículums de los CEO o los CTO de una de las GAFAM. ¿Esto qué significa? Ni más ni menos que yo nunca llegaré a ser CEO ni CTO en una de las cinco empresas tecnológicas más importantes del mundo. Pero, ¡ostras!, ¿acaso no me queda un universo de posibilidades por debajo?

Lo único que te quiero decir con esto es que, si tienes ya cuarenta años, una experiencia como trabajador por cuenta ajena, quizá brillante, quizá no, en un sector como el marketing o la administración de empresas o algo tecnológico, pero no muy exigente, y has tenido una gran idea con la que montar tu *start-up* con el dinero que has sacado al acogerte a un ERE, o al recibir una herencia, o al vender un piso..., ¡bravo! No pongo en duda que puedas llegar a tener una vida muy interesante, muy divertida y muy digna.

Pero el cielo, lo que es tocar el cielo... No lo sé... Me parece que llegas tarde. Todos llevamos llegando tarde desde que no ingresamos en Caltech o en el MIT con dieciocho años.

3. El esfuerzo

Lo del esfuerzo es un gran cliché. Supongo que lo es porque representa el elemento del éxito que más subrayan los CEO en sus conferencias. Normal, quieren que sus empleados se esfuercen. Y, por supuesto, es una gran verdad. Yo voy a ser bueno. Voy a dar por hecho que no hay ni una persona que esté leyendo este libro que no se esfuerce. Porque es cierto: así lo creo. Si no sacases el máximo partido, si no rindieras hasta obtener la máxima productividad en tus horas laborables, sospecho que no estarías leyendo estas líneas. Por eso, voy a pasar de hablar del esfuerzo para llevar la conversación a otra dimensión: el sacrificio.

Puedes pensar que el sacrificio es otra de las condiciones *sine qua non* para completar el relato del éxito que nos es dado, lo de tocar el cielo. No lo tengo tan claro: hay circunstancias en las que puedes esquivar el sacrificio. Puedes tener un talento tan desmesurado y una dosis de fortuna tan generosa como para que te parezca que la vida te ha ido poniendo en la senda de forma natural, sin apenas sudar, hasta alcanzar el cielo; tal es el caso de los fundadores de Google, de los que luego hablaremos. O puedes sentir una pasión tan intensa que no identifiques como sacrificio el hecho de que estás renunciando a todo lo que no tiene que ver con tu trabajo; tal podría ser el caso de Bill Gates y Microsoft.

Pero, si no perteneces a ninguno de estos dos «fenotipos» (y, si perteneces a ellos, ¿qué demonios haces leyéndome a mí?), te toca arrastrarte por la moqueta. Y la moqueta raspa.

Para llegar al cielo, atravesarás situaciones similares a las que anteriormente he descrito: la de los fundadores de Airbnb, la del fundador de Spotify y el caso de Nvidia... Parafraseando al coronel Trautman (sí, el de *Rambo*), prepárate para comer cosas que harían vomitar a una cabra. Y quizá no te sirva de nada.

La buena noticia es la siguiente: no tienes por qué hacerlo. No tienes por qué comer cosas que hagan vomitar a las cabras. Porque no tienes por qué llegar al cielo. Como llevo argumentando desde el principio, no llegar al cielo no es un fracaso.

4. Estar en el lugar adecuado en el momento adecuado

La frase «estar en el momento adecuado y en el lugar adecuado» es otro de los clichés que abundan en la literatura motivacional. Nació para describir la potra de quienes triunfaron gracias a un acontecimiento afortunado. Por ejemplo, aquella actriz que fue a acompañar a su hermana a una audición y acabaron por darle a ella el papel que la catapultaría a la fama. O la del músico callejero que estaba cantando justo en la esquina donde la limusina de Prince pinchó una rueda. Sin embargo, en el contexto motivacional, esta frase se intenta despojar del elemento fortuito para convertirse en un argumento de que quien la sigue la consigue, o de que quien tira mucho a puerta acaba por marcar un gol. Es decir, si estás en todas partes, acabarás por encontrarte en el momento adecuado y en el lugar adecuado. O, como decía Picasso: «Cuando las musas vengan, que me encuentren trabajando». Así que, ¿hasta qué punto es el factor espaciotemporal una cuestión de suerte?

Pues esto es como todo. No se puede negar que uno puede comprar muchos billetes de lotería, esforzándose por estar en todas partes y tocar todos los palos. Pero esto no anula la posibilidad de que el gordo le caiga a quien no ha comprado más que un número. Sobre todo cuando ampliamos las coordenadas del espacio y del tiempo, llevándolas de una escala local y contemporánea a una escala global e histórica.

Cuando abrimos tanto el tiro, vemos que la suerte tiene mucho más que decir. En el planeta hay 8.000 millones de habitantes. De ellos, la inmensa mayoría ha nacido en lugares desde los que no se puede acceder a la «lotería» del éxito. Cuando la suerte te lleva a crecer en el desierto del Chad y vivir tropecientas guerras y otras tantas hambrunas, es evidente que acabar dirigiendo Apple no entra dentro de tus posibilidades.

Incluso cuando cerramos más la escala espacial, el asunto de los privilegios que nos brinda nuestra cuna entra en juego. ¿Recuerdas que antes te hablé de aquel fabuloso contrato de IBM con Bill Gates y Paul Allen que significó, a la postre, que Microsoft se convirtiera en Microsoft, desde un lugar perdido de Nuevo México? Bien, tengo que confesar que he hecho un poco de trampa. En primer lugar, que se establecieran en Albuquerque no es algo casual. Albuquerque se consideraba un punto de acceso fácil al abastecimiento de silicio, cuando Silicon Valley no estaba casi ni en proyecto. Recuerda que el hardware era lo crucial en aquellos tiempos. Por tanto, podemos retirar del relato de superación toda la épica que aporta el «haber salido de una esquinita del mapa para llegar al lugar adecuado».

Por otra parte, es cierto que Bill Gates estaba en el lugar adecuado cuando IBM buscó a alguien a quien encargar su software. Pero no sería del todo honesto contar que aquello se debió a su esfuerzo. ¿Sabes cómo consiguió Bill Gates concertar la primera reunión con IBM? Esto es algo que no se suele mencionar: lo consiguió gracias a una llamada de su madre, que tenía contactos con un pez gordo de la empresa. En 1980, Mary Maxwell, madre de Bill Gates, estaba en la junta de dirección de United Way. O sea, estaba bien colocada. Allí tuvo la oportunidad de conocer a John Open, director ejecutivo de International Business Machines Corporation (IBM). John le contó las necesidades de IBM, y Mary dijo: «Oye, pues que sepas que mi Billy...». Al final, puedes esforzarte todo lo que quieras para intentar estar en todas partes, pero si tu familia tiene contactos, todo será mucho más fácil. Es la suerte de nacer donde hay que nacer.

¿Y en cuanto al momento preciso? Las revoluciones tecnológicas son muy caprichosas en este sentido. En las facultades de ingeniería, computación o matemáticas se estudian mil materias de forma exclusivamente teórica que uno piensa que sólo sirven para rellenar folios. Y, de pronto, esas materias encuentran una aplicación práctica, y las grandes empresas empiezan a lanzar ofertas millonarias a sus expertos.

Ya he contado lo que me pasó a mí con la arquitectura computacional distributiva. Casi pillo la ola del *cloud computing*. Ni yo ni nadie en mi universidad estábamos preparados para eso; porque nunca se está. Y si quisiera recuperar lo que aprendí y dedicarme a ello ahora, ya llegaría tarde. Cuando uno se dedica con pasión a la innovación tecnológica, trabaja sin la certeza de que la próxima revolución industrial vaya a necesitar sus servicios. A veces le pilla, y a veces no..., aunque espere toda una vida. Recuerda lo de General Magic: quisieron llegar tan pronto a la fiesta que encontraron la discoteca vacía.

Lo que te quiero decir es que, de la misma manera que te contaba que una pasión no se puede forzar, un *timing*, tampoco. Entonces, cuando entendemos que estos elementos tienen que confluir, comprendemos lo falseado que está el relato de que el cielo es el límite. Vuelvo al ejemplo de mi propio doctorado. Efectivamente, empecé a estudiar computación distribuida en un momento que podría haber sido dulce, poco antes de que Amazon empezara a desarrollar *cloud computing*. De haber seguido, quizá habría terminado trabajando en Estados Unidos, en Spotify, por ejemplo. Sin embargo, ni mi pasión ni mi talento eran adecuados para ello.

Sin embargo, quizá con mi pasión y mi talento sí podría haber hecho algo si hubiera pillado la añorada edad de oro de los videojuegos españoles, en la década de 1980. Aquella época en la que crecieron las míticas Dinamic, Erbe, Opera, Dro, con juegos como La Abadía del Crimen, el Goody, el Army Moves... En esos años, la figura que yo desempeñé, la de *product manager*, no existía en España. Todo lo hacían ilustradores y programadores. Y estoy seguro de que, en aquel mercado en un momento dulce en el que se competía por tener el mejor equipo, habrían encontrado útil la manera de concebir el producto que yo les habría aportado. Pero en la época en la que estuve en 89Bits no pillé un mercado tan dispuesto. Es más, ni siquiera encontré un mercado. Yo estaba inaugurando un espacio virgen situado entre el videojuego y la experiencia en directo. Me era realmente difícil explicárselo a los clientes. Como pude comprobar, no era el *timing* adecuado. Con el tiempo, me he llegado a preguntar si mi pasión se encontraba incluso en aquello. Si verdaderamente vivía los videojuegos con la intensidad debida. Mis dudas son legítimas, porque nunca he intentado volver a trabajar en videojuegos, ni siquiera desarrollarlos de forma *amateur*. Pero eso da para otra historia.

Suele decirse que el mercado bate al equipo. Es decir, el mejor de los equipos no conseguirá lucir mucho en el peor de los mercados. Mientras que en un mercado perfecto, hasta el equipo más mediocre saca réditos (y el mejor equipo hace maravillas). Esto pasa también a nivel individual. No puedes llegar a ser CEO de una gran GAFAM si no confluyen una serie de circunstancias casi imposibles. Pero puedes llegar a hacer cosas muy muy interesantes que todos deberíamos aprender a valorar como grandes éxitos vitales.

Para que Google sea Google

Google es gigante. Como su propio nombre indica (ya expliqué lo que dijo de ello nada menos que Carl Sagan en páginas anteriores), Google alcanza un tamaño que nuestros diminutos cerebros apenas pueden concebir. Si buscamos un nombre propio para representar la frase «sólo el cielo es el límite», Google es el más adecuado. Me atrevería a decir que Google es más grande que el cielo. No hay un solo tema en nuestras mentes del que podamos decir que Google está absolutamente al margen. No hay un solo bit de información en este mundo que le sea ajeno.

Google fue creado entre 1996 y 1998 por dos estudiantes de doctorado en un garaje doméstico (sí, otra vez un garaje). Tenían veintitrés años.

¿Alcanzaron el cielo? Indudablemente.

¿Significa eso que yo también puedo alcanzar el cielo? Ejem, no tan deprisa. Antes de creer que, porque Larry Page y Sergey Brin fundaron Google, fundar Google está al alcance de todos, vamos a repasar qué tuvo que suceder para que Larry Page y Sergey Brin fundaran Google. Y quizá seamos testigos de la mayor tormenta perfecta, de la más insólita alineación de astros necesaria para provocar un milagro tecnológico.

Comencemos por el talento. ¿Tú tienes talento? Sí, no lo dudo. ¿Tienes tanto talento como Larry Page y Sergey Brin? Esto es como cuando, en *Los Simpson*, Homer le pregunta a Darryl Strawberry, jugador profesional de béisbol: «Yo juego en tu misma posición. ¿Eres mejor que yo?». A lo que el otro responde: «Bueno, no te conozco de nada. Pero..., sí». Si alguien con más talento que Larry Page y Sergey Brin estuviera leyendo este libro, lo único que podría decirle es: pero ¿qué haces leyendo esto?

Veamos. Los honores académicos de Page son bien conocidos. Se sacó una licenciatura en Ciencias en la Universidad de Míchigan. Y luego no tuvo problemas en acceder a un doctorado de Ciencias de la Computación en Stanford, una universidad que ha contado con veintisiete premios Nobel entre sus profesores, y que ha estado vinculada al nacimiento de empresas tecnológicas de la talla de Hewlett-Packard, Cisco Systems, VMware, Yahoo! y Sun Microsystems. Además, este cerebrito empleaba las horas libres de su infancia en estudiar música, llegando a tocar decentemente la flauta y el saxofón.

Los méritos de Brin tampoco desmerecen. Sobre todo teniendo en cuenta que nació en la Unión Soviética, es inmigrante de primera generación (llegó a Estados Unidos con ocho años de edad) y, por tanto, no tenía mucho dinero, en un país en el que sólo un desmesuradísimo talento puede suplir la falta de financiación para estudiar. Sin embargo, Brin aprovechó toda ayuda pública, privada y filantrópica a la que pudo acceder; a base de codos e inteligencia, logró con honores su licenciatura en Ciencias de la Computación en la Universidad de Maryland. Y no le costó obtener una beca de la National Science Foundation para un doctorado en Ciencias de la Computación en Stanford, donde conoció a Page. Además, en 1993, la empresa Wolfram Research, creadora de Mathematica, ya se había fijado en él. Tenía sólo veinte años.

Si antes hemos defendido que el talento sólo sirve si brilla delante de las personas adecuadas, podemos concluir que tanto Page como Brin lucieron en ese *cursus honorum*, pasando por todos los escalones por los que hay que pasar para llegar hasta el cielo.

Así que, en cuanto al talento, confirmado: ambos superan el filtro.

¿Y qué ocurre con la pasión? Resulta que el interés de Larry Page por los ordenadores empieza a los seis años de edad. Seis años, has oído bien. Y no me refiero a que jugase al «Comecocos» (el Pac-Man) todo el rato en un Spectrum. Leía libros y revistas continuamente. Le gustaba desmontar y montar hardware en su casa. En la universidad de Míchigan construyó una impresora de inyección de tinta, utilizando ingeniería inversa para aprender su funcionamiento, y replicándola con bloques de Lego. Sí, has leído bien: construyó una impresora con bloques de Lego. Y funcionaba.

Si hemos dicho que la pasión no puede ser algo autoimpuesto, algo forzado, si hemos defendido que personas como Bill Gates o Kobe Bryant hubieran seguido apasionados por sus campos profesionales aunque nunca hubieran alcanzado el éxito, hay una cita de Larry Page que demuestra que su caso hubiera sido el mismo: «You never lose a dream; it just incubates as a hobby» ('Un sueño nunca se pierde; simplemente se incuba como hobby').

En cuanto a Brin, se ha comentado que camina por el complejo de Google en Menlo Park como si le sobrase la energía. No hay muchas anécdotas con las que demostrar su pasión por el conocimiento técnico y científico. Tan sólo que, en la infancia, podía pasar horas resolviendo juegos y rompecabezas matemáticos, asignatura que fue su primer campo de estudio. Pero creo que si llegas a un país a los ocho años de edad, procedente de una dictadura totalitarista, sin hablar el idioma..., y diez años después estás graduándote con honores en la universidad, bueno, es que pasión no te ha faltado.

Así que, pasión, confirmada: también superan el filtro.

El esfuerzo lo doy por demostrado. ¿Cómo no?, si desarrollaron el algoritmo de Google en un simple *paper* universitario, para el que asumieron un reto mucho más que ambicioso: jerarquizar todos los resultados de búsqueda. ¿Tú has visto muchos universitarios que afronten objetivos así en sus tareas diarias? No se achantaron porque conocían su capacidad de sacrificio. Pasaron meses encerrados en el cuarto de Page, conectando entre sí ordenadores baratos para experimentar con las líneas de código que salían de sus propias cabezas.

Esfuerzo, también confirmado.

¿Y qué pasa con lo de estar en el lugar adecuado en el sitio adecuado? Es decir, ¿qué pasa con la suerte? La historia de Page es clara en este sentido: no pudo nacer en mejor lugar para llegar a convertirse en lo que se ha convertido. Si Dios hubiera querido que un fulano en concreto fundara Google, lo habría enviado precisamente a la cuna en la que cayó Larry Page.

Los padres de Page fueron pioneros en el estudio de las ciencias de la computación. El padre fue profesor de Informática en la Universidad Estatal de Míchigan; la madre, instructora de Programación en el Lyman Briggs College, de esa misma universidad. ¿Recuerdas, por cierto, en qué universidad cursó Larry su licenciatura? Exacto, la de Míchigan: ésa en la que trabajaban sus padres. Pero es que, además, el ambiente en casa de los Page era una continua fuente de estímulos para la mente de alguien como él. Alguna vez, él mismo la ha descrito como un auténtico desorden: ordenadores destripados por todas partes, libros, revistas, tarjetas perforadas, cables, monitores... Con razón la pasión de Page comienza con seis años. No es necesario decir que ninguno de sus progenitores la obstaculizó.

El caso de Brin, una vez más, es un poco más especial. Uno podría creer que ser un inmigrante recién llegado es un gran obstáculo. Y es cierto. Pero que el bueno de Sergey cayó también en una casilla de salida bastante avanzada se demuestra desde ese primer hecho: su familia salió de una decadente, totalitaria e hiperburocratizada Unión Soviética, donde una aventura como Google no habría tenido ni media posibilidad. ¿Y por qué lo hicieron? Porque el padre de Sergey, Michael Brin, también era profesor. Un eminente matemático que un buen día, a la vuelta de una conferencia en Varsovia, decide que ya no pueden continuar más tiempo en Moscú. Afortunadamente, Michael tenía talento y reputación, y eso le había reportado contactos; y uno de ellos fue el prestigioso matemático ruso, también emigrado a Estados Unidos, Anatole Katok. Gracias a éste, Michael obtuvo una plaza para enseñar sistemas dinámicos y estadísticos en la Universidad de Maryland. Oye, ¿recuerdas en qué universidad te dije que había obtenido Brin su licenciatura? Qué casualidad, ¿verdad? Sólo piensa que si Sergey hubiera nacido en una familia un poco menos decidida o con un padre un poco menos talentoso, quizá ahora mismo sería un profesor de HTML5 en una academia moscovita de formación profesional.

Así que, en ambos casos, sobre estar en el lugar adecuado, confirmado.

¿Y qué pasa con el momento adecuado? Es posible que recuerdes lo que dije antes: que todo prodigio teórico necesita encontrar su ola de desarrollo para convertirse en un prodigio tecnológico. Cuando Larry Page y Sergey Brin se conocieron y decidieron escribir su *paper* en equipo, ignoraban que lo estaban haciendo en un momento dulce, con un mercado ávido de un conocimiento como ése. Pero resultó que «The anatomy of a large-scale hypertextual web search engine», que es el título de semejante galimatías, aportaba soluciones a los problemas de los que adolecían los motores de búsqueda más populares del momento, Yahoo! y Altavista. Así que la misma universidad de Stanford los animó a aparcar un poco el doctorado (ya los veían sobrados) y a ponerse a trabajar en una aplicación práctica de todo ese trabajo teórico. Así surgió el motor de búsqueda RackRub, que luego se comercializó con un nombre infinitamente más chulo: Google.

La empresa estuvo tan sólo unos meses esperando ver venir la necesaria avalancha de usuarios. Que, cuando explotó, resultó un absoluto tsunami. ¿Tú recuerdas cuánto tiempo tardaste en dejar de utilizar Yahoo!? Yo tampoco. Pero desapareció como Pompeya bajo las lavas del Vesubio. Lo gracioso es que, si Page y Brin hubieran sido más pioneros de lo que fueron, es decir, si hubieran escrito su *paper* diez años antes, quizá esta conversión a motor de búsqueda nunca se habría llegado a producir. La convergencia entre teoría y práctica nunca puede llegar a destiempo, ni antes ni después. En este caso, el alineamiento de planetas se produjo justo cuando tenía que producirse.

Así que, en cuanto al momento adecuado, confirmado.

Por último, déjame que añada algo: ¿encontraron Page y Brin algún gigante a cuyos hombros subirse?, ¿o bien su invención se alzó sobre un espacio vacío? Pues seguro que después de haber leído el capítulo sobre el primer mito, referente al valor de las ideas, intuyes por dónde voy. Page y Brin encontraron una providencial inspiración en un trabajo previo. El algoritmo desarrollado para RankDex por el ciudadano chino Robin Li, posterior fundador del motor de búsqueda Baidu. Así que, en esta tormenta perfecta hacia el cielo, no faltó ni un afortunado precursor inmediato.

Ésta es la forma en la que Larry Page y Sergey Brin asaltaron los cielos tecnológicos de Silicon Valley. Me recuerda aquellos famosos versos de Ángel González:

Para que yo me llame Ángel González,
para que mi ser pese sobre el suelo,
fue necesario un ancho espacio
y un largo tiempo.

Como ves, la suma de factores favorables es tan insólita, el talento acumulado es tan denso y el momento es tan propicio que no se me ocurre cómo podría repetirse algo así..., aunque quizá ya se esté repitiendo en algún lugar del mundo.

Estos tíos eran unos fuera de serie. Eran como Michael Jordan, Nadia Comăneci y Usain Bolt fusionados y embarcados en un velero que va viento en popa. Esta gente no tenía más límite que el cielo. Pero ¿alguien más puede decir lo mismo? Tenemos que empezar a ser lo suficientemente humildes como para dar una respuesta honesta a esta cuestión. Porque, de lo contrario, nuestra gestión de las expectativas se desbarata. Pensando en que una idea me dará un éxito inmediato y que el éxito será desmesurado, puedo meterme en líos monumentales. Desde el desgaste al que me expongo hasta la frustración que voy a afrontar, pasando por las deudas que voy a contraer con esos familiares y amigos que me están financiando gratis y a quienes les he dicho, con convencimiento, que su inversión se multiplicará por diez.

Ése es el peligro de creer que el cielo es el límite. La ventaja no existe. ¿Recuerdas que te hablé de esos jóvenes futbolistas que quieren ser como Messi, y que luchan desesperados por demostrar a un ojeador lo que saben hacer? Hay un documental conmovedor, *Quiero ser Messi* (2013), dirigido por Hernán Zin, que relata con crudeza los horrores de la frustración y cómo el baño de realidad no está hecho de agua, sino de ácido que levanta la piel.

No, cuando pilles la pasta de la herencia de tu abuela, no podrás dejar tu trabajo de funcionario en el ayuntamiento de tu pueblo o ciudad y montar Google. Podrás montar otra cosa. Podrás montar algo que incluso vaya bien, si sigues los consejos adecuados. Y si entiendes que «ir bien» no tiene por qué significar lo que te han prometido.

Pero he de decir que quizá sea mejor así. Yo te animo a ti y a todo el mundo a hacerlo, a montar algo... De hecho, yo lo hice. Recuerda lo que te prometí en el primer capítulo de este libro: que esto no iba a ser un relato marcado por el sesgo del superviviente. Aquí no te está hablando el único tripulante que no se ha ahogado en el mar del Norte. Aquí te está hablando uno de los tripulantes que ha aprendido a vivir bajo el agua y que, una vez que ha desarrollado branquias, empieza a pensar que aquí se está mejor. Todo esto que te cuento no son argumentos para convencerme a mí mismo de lo que hay. Yo ya sabía lo que hay. Lo aprendí viviéndolo en mis propias carnes, haciéndome consciente de ello y desmontando cada una de las mentiras al contraponerlas con la realidad.

¿A quién le importa la gloria en el cielo pudiendo tener paz en la tierra?

5

Cuarta mentira: haz un buen producto y el cliente acudirá

Eppur si muove

No te cuento nada nuevo si te recuerdo que en la Edad Media la gente creía que la Tierra era el centro del universo. Esta forma del cosmos había sido descrita por el astrónomo Ptolomeo como un mundo hecho para nosotros, sobre cuyo cielo orbitaban el Sol y la Luna, los planetas y las estrellas. En 1543, Copérnico publica *De revolutionibus orbium coelestium*, un importantísimo libro que, como tantos otros, yo no he leído. Pero, sin embargo, sí noto los efectos de lo que describe ese libro, en el que Copérnico proponía que era la Tierra la que giraba alrededor del Sol, y no al revés. Y no veas la que se armó; tanto que, casi un siglo más tarde, la Santa Inquisición obligó a Galileo Galilei, que estaba confirmando todo lo dicho por Copérnico con ayuda de un telescopio, a retractarse de todo. La Inquisición lo convocó a un juicio en el que el sabio italiano hubo de pronunciar en voz alta una abjuración del tipo siguiente: «Que sí, señores, que abjuro, que la Tierra se mantiene estática y los astros giran a su alrededor». Tras lo cual, según la leyenda, murmuró: «Eppur si muove» ('Y, sin embargo, se mueve').

A ver, ¿por qué era esto tan importante? ¿Qué más daba que fuera la Tierra la que orbitase en torno al Sol o viceversa? ¿En qué mejoraba o empeoraba eso el día a día de los italianos de aquella época, sumidos en guerras, pestes, hambrunas...? A la Iglesia le importaba porque, desde hacía siglos, defendía la idea de que la humanidad era la creación más perfecta y ambiciosa de Dios y que, por tanto, le correspondía el punto central del universo. La Iglesia estaba muy enamorada de esa idea... ¿Ves ya por dónde voy? ¿Todavía no? Pues sigo...

Para los papas y los cardenales, asumir la revolución copernicana era como reconocer que las cosas del universo no habían sido hechas para nuestro disfrute. Y eso que, por entonces, Copérnico sólo defendía que el Sol era el centro del cosmos. Aún no se podía saber que el Sol giraba en torno a otra cosa aún más grande que giraba en torno a otra cosa aún más grande y que entre esas cosas gigantescas existía un enorme espacio interestelar donde no había nadie rezando un padre nuestro. Si el papa Urbano VIII, quien condenó a Galileo, llega a ver la famosa foto *Pale blue dot* ('Un punto azul pálido') tomada por la sonda Voyager y que mostraba la Tierra desde Saturno, le da un patatús. En esa imagen se observa la Tierra como una mísera mota de polvo que flota en un rayo de luz, en mitad de una inmensa oscuridad. No sé si Urbano VIII sería capaz de comprender nuestra insignificancia dentro del universo al observarla. Por el contrario, la imagen inspiró estas palabras de Carl Sagan, en el extremo opuesto del espectro ideológico y humanístico de aquel papa:

> Mira ese punto. Eso es aquí. Eso es nuestro hogar. Eso somos nosotros. En él, todos los que amas, todos los que conoces, todos de los que alguna vez escuchaste, cada ser humano que ha existido, vivió su vida. [...] Quizá no hay mejor demostración de la soberbia humana que esta imagen distante de nuestro minúsculo mundo. Para mí, subraya nuestra responsabilidad de tratarnos más amablemente los unos a los otros y de preservar y apreciar el pálido punto azul, el único hogar que hemos conocido.

Se puede aprender mucho de la humildad de Carl Sagan y aplicarlo a áreas diferentes, como, por ejemplo, al mundo del emprendimiento. Porque, durante mucho tiempo, los emprendedores hemos vivido como ptolemaicos, pensando que los astros giran alrededor de nuestra idea. Y cuando la sonda Voyager nos toma una foto desde una perspectiva distante, no nos creemos que ese diminuto puntito, la *start-up* que hemos fundado, pueda resultar tan insignificante flotando en la inmensidad del mercado. «¡Pero si es una idea maravillosa!», nos decimos. «¡Pero si le he dedicado a ella todo mi talento y esfuerzo!»

Pues así es. *Eppur si muove*; o, más bien, en este caso: «*Non si muove*».

Nos dijeron que si teníamos una idea lo suficientemente buena alcanzaríamos el éxito de la noche a la mañana y que sólo el cielo marcaría el límite de ese éxito. Y, además, nos dijeron también que, al ser nuestra idea tan buena, no tendríamos que preocuparnos de llevarla ante los ojos de la gente, porque sería la gente la que vendría en masa a contemplarla, porque se viralizaría, porque crecería orgánicamente hasta seducir a millones de usuarios.

Te doy la bienvenida a la revolución copernicana del emprendimiento, donde descubrirás que tu empresa no es más que una mota de polvo flotando en el espacio. Prepárate a darla a conocer, porque nadie lo hará por ti. Y, ¿sabes?, eso no tiene por qué ser malo.

Toallas ptolemaicas contra juegos copernicanos

Si Karen Blixen tenía una granja en África, yo tenía una toalla en una piscina de Logroño. Lo recordarás bien, porque esa trágica historia ya te la he contado. Siento decirte que voy a regresar a ella, aunque duela, para ayudarme a explicar algunas cosas. Como te contaba en los inicios de este libro, nosotros habíamos llevado a esa piscina nuestras grandes ideas (las grandes ideas de Adolfo, en realidad). Aquellos juegos de rol, de mesa, de estrategia..., sofisticados entretenimientos que enriquecían nuestras tardes, y que llamaban la atención de otros que pasaban por ahí y veían nuestros papelotes: perfiles de personaje, tablas, mapas, gráficos... Como también te contaba, esos juegos nos hicieron, de la noche a la mañana, los reyes de la piscina (un reinado que duró hasta el momento en que las chicas nos empezaron a importar).

Primero tímidamente, y después con absoluto descaro, los chavales se acercaban a nosotros. Iban orbitando alrededor de nuestras toallas mientras lanzábamos dados, hacíamos movimientos o formulábamos tácticas. Ése era el único cosmos que tenía sentido. Nosotros éramos el centro del universo. Los otros chicos curiosos desempeñaban el papel de astros que orbitaban a nuestro alrededor. Tan importantes resultábamos que pronto nuestras ideas se viralizaron; los candidatos a jugadores no sólo se nos acercaban en la piscina, también en el parque o en las pistas de fútbol, cuando caía la tarde. Nos preguntaban, nos pedían fotocopias de nuestras ideas, nos llenaban de elogios... Así daba gusto ser el centro del universo.

Aquella toalla donde nos reuníamos a jugar se regía por una lógica ptolemaica. Y nosotros defendíamos esa sabiduría con la misma fe que Urbano VIII. Es decir: esto es así porque está bien, y no tiene por qué venir nadie a tocar las narices con cosas nuevas. Descubrimos una forma rudimentaria de crecimiento orgánico que ya lo habrían querido para sí muchos *founders* de Silicon Valley.

Como también conté antes, pronto descubrí que, en el mundo real, el cosmos no es ptolemaico. Viví una revolución copernicana en mis propias carnes con angustia, casi me cuesta la quiebra, la salud, el matrimonio... Y todo para descubrir que los videojuegos que yo desarrollaba con 89Bits eran puntitos pálidos azules flotando en mitad de una gigantesca negrura y a los que nadie iba a prestar atención.

Por ser un poco indulgente conmigo mismo, y no seguir echando sal en la herida, vas a permitir que me justifique. En primer lugar, en aquel momento, en mi empleo ordinario, en Telefónica, yo me dedicaba al mercado B2B: buscaba soluciones de productividad para ofrecérselas a empresas, y lo hacía desde una posición muy dominante. La marca Telefónica no necesitaba presentación. ¿Qué sabía yo de B2C? Sabía que C significaba *consumer*. Pero no tenía ni idea de cómo se comportaba esa C.

Además, algún éxito me despistó. Ya os conté que en nuestro primer juego, aquel de salto de longitud, habíamos conseguido cuatro mil descargas en veinticuatro horas. Es verdad que todavía hoy no nos explicamos a qué se debió, pero ahí estuvo: la prometida viralización. Y si se viralizaba eso, ¿cómo no iba a viralizarse un proyecto basado en la encantadora nostalgia del ciclismo ochentero? ¿Para qué gastar dinero en distribuir? Lo del juego Perico Delgado, con sus gráficos prehistóricos y su banda sonora de Hidrogenesse, tenía que funcionar por fuerza. Bueno, pues no funcionó. ¿Te conté que fui a la radio a hacer una entrevista? Pues fui a Radio Nacional a hacer una entrevista. En ella hablé de todos los pormenores del desarrollo, del trato con Perico, del homenaje necesario a aquella época dorada del deporte. Al regresar a casa comprobé el número de descargas: «ceromil».

Ahí fue cuando empecé a pensar que esto de la adquisición de usuarios no se podía dejar a la buena de Dios. Pero 89Bits sólo era una empresa de desarrollo, ¿acaso no podía dejarle lo de conseguir jugadores a otro? A otro como Movistar, por ejemplo. Recordarás que nuestro innovador juego de Fórmula 1, Pitlane Manager, contaba con el apoyo de la cadena que poseía los derechos de emisión del mundial. Tener una buena idea y cero distribución era una cosa, pero tener una buena idea y una cadena que comenzase el boca a boca era el anticipo para acabar viralizándose. Una vez más, ¡no hacía falta invertir en adquisición! Todo rodaría por sí solo. En las retransmisiones mencionaron el juego..., a ver, déjame hacer memoria..., ¿lo mencionaron una vez en los entrenamientos del Gran Premio de Tomelloso (con todos mis respetos a Tomelloso)? Así es, nos echamos en sus brazos y, bueno...

Así que empecé a pensar que lo de la distribución y adquisición de usuarios era bastante más importante y complejo de lo que parecía. Por eso para nuestro juego de fútbol dimos un pasito más. Nos pusimos al servicio del diario *As*, hasta le dimos su nombre al invento, As Match Day La Liga. También cerramos mejor los términos de la adquisición: ellos aportarían una masa de entre 40.000 y 80.000 usuarios. Como ya te he contado, el baño de realidad fue grande, y se quedó en cuatro mil.

Y el hecho de que la tasa de permanencia de quien probaba el videojuego fuera del 10 % a los diez meses (un verdadero éxito, una tasa de retención satisfactoria para un videojuego puede estar en el 3 % a los 30 días) venía a subrayar lo evidente: el juego era bueno, pero teníamos un problema para conseguir usuarios.

Si gustaba mucho a los que jugaban, pero jugaban muy pocos, el cuello de botella estaba en encontrar nuevos jugadores. Es decir, habíamos tenido una buena idea... *eppur (non) si muove*. Los usuarios no acudían a nosotros como en un sistema ptolemaico. Porque éramos una motita de polvo flotando en un cosmos plagado de cosas con las que competir.

Hagamos la mejor fiesta del mundo

Te propongo un experimento, pero te advierto que vas a necesitar mucho dinero para llevarlo a la práctica. Sin embargo, creo que nos podemos divertir. Se trata de lo siguiente: vas a dar la mejor fiesta de la historia en tu casa. Esto incluye lo siguiente: una cata de vinos, con botellas de no menos de mil euros cada una; *catering* con estrella Michelin; de DJ vamos a traer a los Daft Punk, por pedir que no quede; en la habitación de invitados montamos un *chill out* donde Taylor Swift interpretará canciones a la guitarra, suavecito; a medianoche se proyectará *La guerra de las galaxias*, y contaremos con la presencia de todo el plantel de actores (los que siguen vivos). Lo dicho: la mejor fiesta en casa de toda la historia de las fiestas en casa.

Sólo hay algo que no puedes hacer: decírselo a nadie. Llegado el momento, dejarás abierta la puerta de tu piso, pedirás a los Daft Punk que empiecen a pinchar, y te sentarás en tu salón (junto con Taylor Swift) a esperar a que venga gente.

¿Cuántos invitados crees que se presentarán? Pocos, ¿verdad? Y eso que cuentas con un producto sensacional (recuerda: la mejor fiesta de la historia). Así verás cómo se te esfuman un millón de dólares por minuto. Si no nos cuesta comprender esto, ¿por qué seguimos creyendo que una página web, que una app, que un perfil de Instagram, que un blog, que un pódcast va a atraer a miles de usuarios nada más ponerlo en internet? Haz una página web anunciando tu producto, tu gran producto, el mejor producto del mundo, y súbela a la red. ¿Sabes qué va a pasar?

Te lo digo yo: nada.

En 1969, sin aviso previo, cuatro tipos se subieron a una azotea de la calle Saville Row en Londres. La llenaron de amplificadores, subieron el volumen y se pusieron a tocar sus temas. Esos cuatro tipos eran aquellos Beatles que, en ese momento, se decían más famosos que Jesucristo, y ése fue el concierto espontáneo más famoso de la historia de la música. La escena puede verse en el documental *Get Back*, de Peter Jackson. Echa un ojo al número de espectadores que miraban embobados desde la calle y desde las ventanas colindantes. Gracias a mis excepcionales contactos he conseguido datos avalados por José Luis Gilsanz, autor de *The Beatles. La guía* (Sílex Ediciones, 2018) para conocer el número de asistentes. Además de los músicos, los técnicos y las personas allegadas (ahí estaba Yoko), Gilsanz cuenta un total máximo de 168 espectadores anónimos, que van variando según las zonas y los momentos. Imagínate a esos 168 oyentes perdidos en Wembley, estadio que los Beatles ahora mismo, si fuese posible reunirlos (tras resucitar a los dos fallecidos), sin duda abarrotarían. La policía llegó mucho antes que el tsunami de fanes que se habría congregado en Saville Row si hubieran dejado actuar al boca a boca. Pero ¿qué habría sucedido si los llamados «Fab Four» hubieran avisado con una antelación de una semana de lo que iba a suceder en aquella calle? ¿Habría dispuesto Londres de dotación suficiente para controlar el tráfico y prevenir desgracias? Fíjate en la diferencia que hay, teniendo un producto óptimo (un concierto de los Beatles), entre hacer un mínimo esfuerzo de adquisición y no hacerlo.

Y ahora vamos a echar más vinagre en la herida. Tu *start-up* no son los Beatles. No tienes a Taylor Swift ni a Daft Punk, ni puedes regalar botellas de vino de mil euros. Probablemente, no estás en disposición de lanzar al vacío algo tan atractivo que con sólo un poco de boca a boca consiga un brutal crecimiento orgánico. Quizá logres algunos usuarios, y puede que muchos se queden encantados (como los cuatrocientos jugadores de As Match Day La Liga, de los cuales me siento orgullosísimo). Pero la cosa no pasará de ahí.

Porque vivimos en un mercado saturado hasta las cejas, y si muchas veces dejas sin abrir el vídeo que alguien ha compartido en el chat de antiguos alumnos del Colegio Jerónimo Hermosilla de Santo Domingo de la Calzada, ¿por qué crees que los miles de individuos que conforman el mercado le darán una recepción a tu producto digna de *Bienvenido Mr. Marshall*?

Pero, entonces, te preguntarás, como yo: ¿cómo es posible que esto me ocurriera a mí, Carlos Molina?, ¿cómo es posible que confiara en el crecimiento orgánico, en la viralización de mi idea, cuando yo ya tenía una experiencia, cuando tenía unos estudios? Bien, es justo reconocer que tampoco la revolución copernicana fue una revolución salida de la nada, sino que se subió a hombros de gigantes. Cuando Copérnico enunció sus principios, no hacía otra cosa que responder a la necesidad de algunos sabios de la época que ya habían detectado defectos en la cosmología de Ptolomeo (por ejemplo, el movimiento retrógrado de los planetas). Se dice que muchos de ellos, aun sabiendo que tal teoría era errada, se habían dedicado a ejecutar piruetas cada vez más complejas con las que justificar esos fallos inexplicables. Porque a la Iglesia le parecía bien el sistema ptolemaico, mantenía las cosas en su sitio y les daba a los fieles una bonita realidad en la que creer: ellos eran el centro de la creación, y el resto del universo brillaba para ellos.

Hablando en plata: que muchas veces creemos lo que queremos creer.

Yo me fui creyendo todos y cada uno de los mitos que se han ido inyectando en el sector del emprendimiento para defender que, si la idea es buena, el usuario irá a por ella. Que no hace falta distribución. Que no hace falta fuerza de ventas. Que todo se viraliza como una semilla en un campo fértil. Vamos a desmontar esos mitos ptolemaicos...

El mito geocéntrico: Dropbox, Slack y otras tantas

Como te contaba más arriba, muchos de los defensores de la causa geocéntrica en el siglo xv no se la acababan de creer del todo. Las teorías de Ptolomeo entraban muchas veces en contradicción con las observaciones, por lo que se veían obligados a dar mil vueltas a las fórmulas matemáticas y a proponer hipótesis delirantes para lograr que subsistiera el sistema ptolemaico. Les convenía no enfadar a la Iglesia, y a ésta le convenía continuar soportando un cosmos en el que el hombre, la creación más importante del Génesis, ocupaba el centro.

De la misma forma, hay muchos ejemplos sobre supuestos crecimientos orgánicos que, bien examinados, no fueron tales. Muchos los pudimos vivir en primera persona.

Es el caso de Dropbox, que nació y creció en 2007. Partió de una gran idea, de esas que me gustan a mí: las que buscan la resolución de un problema real. Los fundadores Drew Houston y Arash Ferdowsi, alumnos del Instituto Tecnológico de Massachusetts (MIT), se percataron de que muchos usuarios utilizaban sus correos electrónicos para almacenar archivos en un lugar seguro. Así los preservaban fuera de ordenadores o discos duros que podían perderse o estropearse. Pero el correo electrónico tampoco suponía la mejor solución. No admitía archivos de gran tamaño ni se podían guardar, compartir o abrir con facilidad. Así nació Dropbox, un sistema de almacenamiento y sincronización en la nube por suscripción de espacio. Era la época en la que empezábamos a tener más de un ordenador en casa y otro en el trabajo; Dropbox proponía que, al tocar una coma en un documento de Word, ese cambio se produjese en todos los dispositivos propios. Ahora forma parte de nuestro trabajo cotidiano, pero, en aquel año, la nube apenas era una realidad.

Dropbox creció en usuarios de una manera meteórica; y también de forma orgánica..., o eso quisieron hacernos creer. Pero no fue así. Lo cierto es que utilizaron una estrategia muy inteligente. Sólo por suscribirte ya tenías 500 Mb de almacenamiento gratuito. Y por cada nuevo amigo al que llevaras, te daban 50 Mb adicionales, hasta completar el límite de 2 Gb. Disponer de 2 Gb en la nube en 2007 no era poca cosa. El servicio resultaba muy útil para mover grandes archivos entre dispositivos, compartirlos y mantenerlos a salvo. Por eso se expandió a la velocidad del rayo. Pero ¿era verdaderamente un crecimiento orgánico?

Tengamos en cuenta que Dropbox estaba utilizando una fuerza de ventas muy eficaz: sus propios usuarios. No les pagaba en dinero, pero sí les pagaba en espacio de almacenamiento: 50 Mb por cada nuevo cliente que trajeran. Como sabes, el espacio de almacenamiento no se encuentra en un limbo, entre la Tierra y la Luna. Qué va..., ocupa servidores que hay que alimentar con una gran cantidad de energía. Y eso cuesta dinero. Es decir, que, aunque no lo pareciera, Dropbox estaba invirtiendo dinero en adquirir usuarios. Puede que el pago fuera en especie (o en espacio), pero a la postre tenía un coste en dólares.

Así que es importante que pienses si la *start-up* que vas a fundar podrá ofrecer un pago en especie para conseguir usuarios. Porque si la respuesta es «no», te quedarás sin un incentivo para atraerlos.

Otro caso de supuesta viralidad que siempre me ha hecho mucha gracia es el de Slack. La solución de mensajería instantánea para negocios se presentaba como una especie de club exclusivo al que un amigo (o socio, cliente o proveedor) tenía que invitarte. Sin embargo, había algo más; sólo con visitar su página web, Google hacía su magia y, en virtud de su *retargeting*, lograba que los anuncios de Slack te persiguieran por todo el universo digital para que te mantuvieras como usuario activo o te pasaras al pago. Es decir, entrabas casi obligado por un contacto con el que tenías que llevar una relación laboral, y te quedabas por la pertinaz persecución a la que eras sometido.

Lo cierto es que hay toda una gama de técnicas para que el crecimiento de una empresa parezca orgánico sin serlo. El crecimiento se puede incentivar con dinero, con pago en especie, con estatus, aliviando el FOMO...[7] En todo hay que hacer una inversión. El verdadero crecimiento orgánico es difícil de encontrar.

7. *Fear Of Missing Out*: miedo a quedarse fuera.

Casi todas las empresas dedican una buena proporción de sus ingresos a crecer. Yo he visto estadísticas de Supercell, la empresa finlandesa de desarrollo de videojuegos para móviles, en las que admitían que el 70 % de lo que ganaban lo reinvertían en adquisición. Si no, no conseguían mantener la rueda en marcha, que funcionaba por la inercia de mantenerse en el *top ten* de ventas de las tiendas digitales. Pero, claro, eso es una barbaridad; es casi como un esquema Ponzi[8] que puede conducirte a la ruina.

Lo que quiero que entiendas es que el geocentrismo de Ptolomeo se superó hace cinco siglos, pero muchas veces se sigue fingiendo que existe porque viene bien para nuestros egos pensar que todo el mundo nos adora tal y como somos. Sin embargo, esto te puede llevar a engaños cuando partes de cero y crees que el presupuesto para adquisición es la última prioridad; o que se puede confiar en la nostalgia para suplirlo, como en el videojuego Perico Delgado; o que se puede depositar en medios de comunicación que tampoco saben mucho de ello.

Antes de creer en esto, es bueno que sepas cosas como las que te cuento a continuación.

De qué hablamos cuando hablamos de viralizar

Tenemos una buena experiencia con la COVID-19 de 2020 como para que yo venga a contarte qué es un virus y cómo se transmite. Pero esta experiencia también nos impone un sesgo que contamina todo cuanto se etiqueta como viral. Definimos lo viral por sus ejemplos más extremos. Una chica se sube a un avión rumbo a Sudáfrica. Al sentarse tiene la pésima idea de tuitear un chiste de mal gusto. Pone el móvil en modo avión. Al aterrizar vuelve a encenderlo. Y entonces descubre que su chiste está por todas partes, y no porque haya hecho mucha gracia, sino porque la comunidad tuitera lo considera de un racismo extremo. El chiste le

8. El esquema Ponzi es una operación fraudulenta de inversión que implica el pago de intereses a los inversores de su propio dinero invertido o del dinero de nuevos inversores.

cuesta, además de muchas cosas, el empleo. Éste es un caso real de 140 caracteres que se viralizan sin que nadie lo pretenda, por un misterioso fenómeno propio de la mente colmena que somos. ¿Cuántos chistes racistas han pasado desapercibidos cada día en X (antes Twitter)? ¿Por qué la repercusión de este chiste creció como la pólvora?

Otro caso conocido, en esta ocasión positivo, fue el de Manuel Bartual, un dibujante de cómics y guionista poco conocido... hasta que creó un hilo/ficción en Twitter, ahora X, que se convirtió en un fenómeno viral. La historia comienza con Bartual de vacaciones en un hotel, donde un hombre entra a su habitación gritando cosas incoherentes. El hilo se inspira en el género del falso documental, con elementos de suspense, terror y acertijos, lo que logró enganchar a cientos de miles de usuarios. Sus seguidores aumentaron en medio millón. Este tipo de narrativa en redes sociales no era nueva. Se había usado en blogs y novelas en el pasado, e incluso el propio Bartual la había ensayado previamente en su cuenta. De hecho, X, que antes era Twitter, está lleno de intentos como éste. Pero ¿por qué fue este intento el que triunfó? ¿Su calidad literaria era mayor? ¿Su *engagement* era más potente..., si es que hay alguna forma de medirlo? Para mucha gente, saber responder estas preguntas sería fundamental, porque entender el motivo por el que un contenido se viraliza implica poder replicarlo. Y esto es la piedra filosofal que persiguen los publicistas desde que el *social media* entró en nuestras vidas: difusión gratuita.

Pero no nos debemos llevar a engaño. Estos casos que llegan a oídos de todos no pueden ser tomados como el ejemplo por el cual se define la viralidad. Acaso sólo la más extrema. Pero ni siquiera el propio Bartual sería capaz de replicar un fenómeno semejante (de hecho, las ventas de su novela, editada por Planeta tras este exitazo, fueron bastante modestas en comparación, a pesar de la legión de seguidores que había adquirido en X). Por tanto, no debes pensar que, porque hay cosas que se viralizan, tu idea va a ser viral, ni que va a ser viral como tú quieras y cuando tú quieras.

La cruda realidad es que la mayoría de los crecimientos orgánicos responden a un coeficiente negativo. Y, cuando el coeficiente es positivo, suelen ser muy lentos. Esto hay que explicarlo.

¿Qué quiere decir que un crecimiento orgánico responda a un coeficiente negativo? En una transmisión viral, esperamos que cada sujeto al que le llegue una información se la transmita al mismo número de sujetos que el sujeto anterior. Es decir, yo tengo mi idea; se la cuento a diez personas; y cuento con que esas diez personas se la van a contar, a su vez, a otras diez personas por lo menos. Esto sería una viralización con un coeficiente positivo.

Pero la mayor parte de las veces, esto no es así. Yo se lo cuento a diez personas. La suma de esas personas lo comparte con un número menor (entre uno y nueve) en una segunda fase de la transmisión. En una tercera fase, esas nueve personas se lo cuentan a un número total aún menor (entre uno y ocho). Y así sucesivamente hasta que la transmisión se extingue. Esto sería una transmisión con coeficiente negativo. Y la mayoría de los crecimientos orgánicos que vemos en el sector de la tecnología son muy negativos: de 1.000 usuarios te vienen 150; de esos 150 te vienen 22; y de 22 te llegan 3 usuarios.

Pero es que, además, la viralidad es muy lenta..., mucho más lenta que un vuelo a Sudáfrica. Si partes con 500 usuarios y el boca a boca crece con una tasa del 15 %, tendrías que esperar dos años para tener 12.000 usuarios. Esto quiere decir que, durante esos dos años, no vas a tener retornos, tendrás que vivir de la financiación que has conseguido (otra vez *ramen profitability*). Sin contar con que 12.000 usuarios en el mundo *tech* es una cifra irrisoria, así que más te vale que tu modelo de negocio dependa de obtener grandes y tempranos beneficios por cada uno de esos usuarios. De lo contrario vas a estar a ramen unos cuantos años, y tú verás si la estructura de tu *start-up* se lo puede permitir.

No te voy a engañar: a veces, una de cada diez mil veces, el crecimiento orgánico positivo, premeditado y con retornos rápidos sí que existe. Pero no está al alcance de todos. Te voy a contar un caso extremo para que entiendas que, si quieres crecer de forma orgánica y, además, predecirlo con una estrategia, te va a costar tal esfuerzo que casi hubieras preferido no intentarlo.

Las escasas pruebas del geocentrismo: Duolingo

La astronomía funciona más o menos así: un científico observa; a partir de la observación formula unas leyes, las cuales, si son correctas, pueden utilizarse para aventurar predicciones. En el caso de la viralización, no es que no pueda producirse esto, es que hacer predicciones es casi imposible. Por eso no puedes contar con la viralidad.

Un caso conocido en que sí hubo un rápido crecimiento orgánico fue el de Facebook. La famosa red social encontró entre los universitarios un mercado ávido de lo que prometía proporcionar: chismorreos. A fin de cuentas, el primer invento de Mark Zuckerberg, a partir del cual construyó Facebook, fue una página en la que uno podía clasificar a sus compañeros y compañeras de campus como *hot* o *not hot* (término polisémico que igual quiere decir «caliente» como «guay» o «sexi»). Tuvo que dar bastantes explicaciones por ello. Pero, luego, Facebook creció igual. Uno se lo explica a toro pasado si recuerda, de su época universitaria, el revuelo que se formaba en torno a los anuarios impresos, que incluían una relación fotográfica de todos los nuevos alumnos de la universidad (eso lo tenían mis amigos de la privada, en Pamplona; yo estudiaba en la pública, e Ingeniería, donde era tristemente difícil encontrar chicas, lo cual reducía el cotilleo). Está bien, Facebook creció de forma rápida y orgánica, sin apenas gasto en adquisición. Pero ¿podría haberse predicho? ¿Podría ahora replicarse esa estrategia, en un mercado como el actual?

Hay un ejemplo muy grato de triunfo orgánico. Me refiero al de Nordeus, una empresa que, desde Serbia, se convirtió en la mayor compañía de videojuegos de Europa gracias a Top Eleven, un *football manager*. Bueno, he dicho que es un ejemplo grato, pero yo también tenía un *football manager*, y uno no puede imaginar cómo escuece la viralidad cuando no es la tuya. En fin, corramos un tupido velo...

Top Eleven presentaba la novedad de que tú entrenabas a tu propio equipo y todos los días, a una hora concreta, podías enfrentarlo a otros usuarios en partidos en directo. Es decir, era cien por cien multijugador online, no existía la posibilidad de jugar contra la máquina. Además, Top Eleven creció vinculado a Facebook, en un momento dulce para la viralización dentro de esa red social, bajo cuyo amparo crecieron otros juegos como Farmville, así como medios de comunicación que luego lo han pasado mal, como BuzzFeed, Vice o PlayGround. Sin embargo, el éxito de la serbia Nordeus, sin financiación, no puede decirse que fuera planeado ni buscado. En 2014, yo mismo acudí a una conferencia con su *founder*, Branko Milutinović, donde se le preguntó: «Si quisieras replicar tu éxito ahora, ¿qué pasos seguirías?». La respuesta fue rotunda: «No tengo ni puñetera idea». En una entrevista para TechEu,[9] Milutinović decía: «También hemos tomado malas decisiones, pero, ante las verdaderamente importantes, creemos que hemos tomado las buenas con más frecuencia que las malas». Y, si esto lo lees entre líneas, también es un rotundo: «No tengo ni idea de por qué ha funcionado, pero ha funcionado». La viralización, la mayoría de las veces, es incomprensible. Para bien y para mal. Que se lo digan a tanta gente que ha sido linchada por un comentario desafortunado o sacado de contexto en X, antes Twitter.

Si buscamos otros casos reales en el mercado actual, con un producto del que podríamos decir «Vale, esto sí que no necesitaba distribución», seguro que se te ocurre pensar en ChatGPT. Lo que pasa con OpenAI y su creación es que es algo tan revolucionario, tan capaz de cambiar las reglas del juego, que su existencia es noticia por sí misma. Los que saben de esto llevaban siguiendo de cerca la carrera para lanzar una IA generativa al mercado desde hacía años, y todos sabían que, cuando se lograra, iba a ser tan notorio como poner un pie en Marte. Los publicistas distinguen entre medios comprados y medios ganados. Los medios comprados son aquellos que mostrarán tu producto o servicio a cambio de dinero. Los medios ganados son los que lo mostrarán porque les parece noticiable. Pero, claro, se lo tiene que parecer a ellos, no a ti. Que una máquina sepa hablar, escribir sonetos y cuentos

9. Véase: <https://tech.eu/2014/12/16/branko-milutinovic-nordeus-interview-leweb>.

y responder todo tipo de preguntas es noticiable, y por eso arrasó en medios ganados (piénsalo: ¿supiste de ChatGPT por primera vez gracias a un usuario o gracias a un medio de comunicación?). Su utilidad hizo el resto, y acabó por experimentar el crecimiento orgánico más rápido de la historia de la tecnología. Pero si tu gran idea para una *start-up* no es tan sexi para los medios, ni tienes a todo un sector profesional esperando a que sea lanzada, la noticia de su lanzamiento pasará como un barco en la noche.

También podemos mencionar algún caso de crecimiento orgánico premeditado. No quiero dejar pasar uno en concreto, porque es un ejemplo con el descubrirás qué se necesita para ejecutar una estrategia de adquisición sin esfuerzo de ventas. Se trata de Duolingo, la aplicación que utilizan millones de usuarios en todo el mundo para aprender idiomas.

Duolingo basa su éxito en una estrategia depuradísima para encontrar y sacar el mayor partido posible a un modelo de negocio que apuesta por el crecimiento orgánico. El primero de los pilares de esta estrategia es la obsesión por ofrecer el producto perfecto, como condición *sine qua non*. No estamos hablando sólo de una aplicación que te enseña a hablar más de cuarenta idiomas. Estamos hablando de un prodigio del *user experience*. En primer lugar, porque los procesos de *onboarding* (estrenarse en la app) son sencillísimos. En segundo lugar, porque el diseño y la distribución de contenidos están pensados para enganchar y motivar al alumno. En tercer lugar, porque la app permite al alumno conocer su progreso con mucha claridad, dejando patente su eficacia... Y podríamos seguir enumerando virtudes.

Y las virtudes de Duolingo no están ahí por casualidad. Esta plataforma fue diseñada por Luis von Ahn, un informático guatemalteco cuyo campo de estudio era la inteligencia artificial. Y la minuciosidad de su esfuerzo ha tenido una recompensa: más de quinientos millones de descargas.

Pero aquí lo que nos importa es lo de su crecimiento orgánico. Una vez que un tipo como Von Ahn cree que Duolingo está preparado para viralizar, es cuando se lanza. Y no antes. Además, se analiza desde el principio el modelo de negocio que puede extraerse de una plataforma que, en principio, es gratuita. Duolingo saca sus beneficios de varias líneas: de la publicidad, de la suscripción de pago, del análisis de datos que luego se utilizan para entrenar modelos de aprendizaje... En todas estas líneas, el crecimiento de usuarios es una obligación. Por lo que sorprende aún más que hayan optado por un modelo orgánico, minimizando el pago por adquisición.

Pero es que, al contrario de lo que sucedió con el Top Eleven de Nordeus, el crecimiento orgánico de Duolingo no se dejó a la buena de Dios, ni Von Ahn se ha visto sorprendido por su éxito. Si acaso, estará como el coronel John *Hannibal* Smith, de la serie *Equipo A*, siempre encantado de que los planes salgan bien.

Tras ofrecer un producto único y eficaz a los usuarios en 2011, Duolingo creció de forma satisfactoria..., hasta que en 2018 tocó techo y su crecimiento empezó a decaer. Seguía creciendo, pero no al ritmo necesario como para asegurar los beneficios. En este momento podrían haber apostado por un plan de marketing agresivo, pero en lugar de esto hicieron lo que un experto en inteligencia artificial haría. Acudir a los datos y generar un modelo con el que simular la relación entre las diferentes métricas del negocio. Los expertos pusieron a prueba una serie de cifras: descargas, ciclo de vida del usuario, impacto de la publicidad... Hasta que dieron con la que demostraba ser la clave para su negocio: el usuario activo.

Incrementar la tasa de usuarios activos, es decir, aquellos que se habían descargado la app y que la abrían al menos una vez al día, incrementaba a su vez varias cosas: la monetización de la publicidad; los datos para construir modelos de IA; el traspaso de cuentas gratuitas a cuentas de pago; la masa de usuarios potenciales para distribuir nuevos productos (como cursos infantiles para aprender a leer); la presión para homologar títulos oficiales de idiomas; y también el número de descargas (es decir, el crecimiento orgánico).

Una vez que detectaron que el usuario activo era la métrica sobre la que tenían que trabajar, buscaron estrategias para aumentarla. Pero, ojo, que esto no es moco de pavo. En Duolingo, sus mentes superdotadas (y lo digo sin asomo de ironía) crearon un modelo prospectivo para analizar la sensibilidad y predecir qué acciones tendrían un mayor impacto en el crecimiento de usuarios activos. ¿Esto qué es? Pues clasificar a los usuarios en distintos estados de actividad (activos, nuevos, dormidos, etcétera) y hacer simulaciones informáticas de situaciones en que ciertos porcentajes de usuarios pasasen de un estado a otro, con el objetivo de seleccionar las mejores acciones para conseguir un mayor porcentaje de usuarios en el estado deseado: usuarios activos todos los días.

¿Qué medidas fueron las más eficaces? Tampoco se les ocurrieron de la noche a la mañana. El responsable de producto de Duolingo había sido un capo en Zynga, la famosa empresa de videojuegos para móviles. La gamificación jugó un gran papel. Se creó un sistema de torneos, con tablas de clasificación, que generó en los usuarios una gran sensación de progreso y refuerzo, lo que se tradujo en un *engagement* considerable. Al poco tiempo de ponerse en marcha estas medidas, el impacto en las métricas se notó. El tiempo total de uso aumentó un 17 % y se triplicó el número de alumnos que dedicaban al menos una hora al día durante cinco días a la semana (el famoso usuario activo diario). Y, tal como ya habían predicho, al mejorar esta métrica, todo lo demás mejoró.

Otra medida eficaz fue mejorar las notificaciones a los usuarios, una estrategia que tomaron de Groupon. Pero, ojo, no podían copiarla a pie juntillas, porque sabían que Groupon, de tanto mandar e-mails a sus usuarios, había acabado por quemar el canal hasta reducirlo a cenizas. Iniciaron una estrategia de ensayo y error, en la que Duolingo permitía a sus expertos una gran libertad a la hora de modificar el estilo, la personalización y la plantilla de sus envíos..., cualquier cosa excepto aumentar el número de envíos. Tras mucho testar, consiguieron un modelo equilibrado que motivaba a los alumnos a abrir la app sin enviar los mensajes de Duolingo a la bandeja de *spam*.

Por último, otra medida a subrayar que pusieron en marcha gracias a la observación del comportamiento de los usuarios fue el aprovechamiento de las rachas. Lo de las rachas es una intuición marca de la casa, es decir, no la copiaron de nadie. Creyeron ver que los usuarios que alcanzaban una racha de diez días seguidos entrando en la app tenían menos posibilidades de abandonarla. Algo tan sencillo como hacer que los alumnos fueran conscientes de sus rachas (mediante notificaciones, mensajes, etcétera), así como inspirar cierto temor a interrumpir una racha de varios días seguidos, funcionó a la perfección para conseguir que se mantuvieran más activos: «¡Llevas siete días seguidos de aprendizaje, no bajes el ritmo ahora!». Es un poco parecido a la estrategia para desengancharse de una adicción. El uso de las rachas ha demostrado ser una de las palancas más potentes para aumentar la motivación del alumno. Es otra manera de generar hábitos, tan importante a la hora de construir productos, para bien o para mal.

Cuatro años después de poner en marcha estas medidas, Duolingo había multiplicado por 4 el número de usuarios activos, hasta los 16 millones. Con esto había arrastrado todas las demás métricas: crecimiento de un 7 % de conversión a usuarios de pago, aumento de los ingresos en un 1.000 %, un crecimiento anual de suscriptores del 67 %... En 2022, Duolingo alcanzó unos 60,7 millones de usuarios activos mensuales, unos 16,3 millones de usuarios activos diarios y unos 4,2 millones de suscriptores de pago.

Unas cifras astronómicas. Y sin apenas pagar por adquisición.

Con esto quiero decirte que es verdad que se puede llegar a establecer una estrategia previsible de crecimiento orgánico. También se puede ir a la Luna, por ejemplo, si eres la NASA. Pero, vamos a decirlo a calzón quitado, si tú fueras la NASA o los Beatles, o bien si tuvieras a Taylor Swift en tu salón, dudo mucho que estuvieras leyendo este libro. ¿Tú te has dado cuenta de lo que tuvo que montar Duolingo para mantenerse fiel al geocentrismo ptolemaico? Estas técnicas de crecimiento orgánico son propias de seres legendarios, con un equipo de titanes a las órdenes de un demiurgo. En este punto, el crecimiento orgánico conecta directamente con lo que hablábamos en el capítulo anterior: el cielo es el límite. Sí, el cielo es el límite para unos poquitos elegidos. Pero el común de los mortales, esos que se detienen en una librería para comprar un libro de Carlos Molina, tiene los límites bastante más cerquita; y también para crecer sin gastar un duro.

Si tú caes en la trampa de creer que tu producto no necesita distribución, ni marketing, ni fuerza de ventas, corres un riesgo grave. Te verás con un presupuesto limitado con el que desarrollar tu idea; sí, ese dinerito que has conseguido rascar a quien ha creído en ti, en alguna ronda de financiación, pidiendo algún préstamo... Con ello echarás cuentas y dirás: «Eh, me llega para desarrollar un mínimo producto viable en unos meses; no tengo un duro para marketing ni distribución, pero, con esta maravilla de producto que voy a ofrecer, ¿quién necesita marketing y distribución?».

Pues escucha: tú necesitas marketing y distribución. Necesitas ambas cosas, y las necesitas mucho. Así que guarda una buena cantidad del presupuesto para esta partida. Y no muevas un dedo hasta que no la tengas.

6

Quinta mentira: no necesitas ser rentable si tienes financiación

Maná, maná

Desde El Cairo hasta Jerusalén hay poco más de cuatrocientos kilómetros en línea recta. Esta distancia se eleva a 726 kilómetros por carretera. Según Google Maps, puedes recorrer este último trayecto asfaltado a pie en 164 horas. Es decir, que si caminas seis horas al día, lo terminarías en menos de un mes. Sin embargo, como bien sabes, Moisés y el pueblo de Israel tardaron cuarenta años. Durante cuatro décadas, los judíos huidos de la esclavitud de Egipto vagaron por el desierto del Sinaí, trazando zigzags, caminando en círculo y haciendo largas pausas para ir al baño y descansar. Si dividimos los cuatrocientos kilómetros (ellos no tenían carreteras) que separan ambos puntos y los dividimos entre el tiempo que estuvieron de marcha, el resultado es que los judíos se alejaban de Egipto veintisiete centímetros cada día. Sólo se me ocurre alguien más lento: el faraón, que no les dio caza.

Ya sé que esta interpretación tan irreverente es obtusa. Y sé que hay una brecha tremenda entre nuestra comprensión actual y la época en que se escribieron los textos bíblicos. No soy un experto exégeta bíblico ni arqueólogo ni historiador, y ni siquiera aficionado a ninguna de estas cosas. Sólo he tomado una historia de forma literal y le saco punta para divertir al lector, cosa que también es loable, creo yo. El tema es que estoy intentando recrear una metáfora para explicar una cosa... Moisés podría haber calculado un plan ambicioso para avanzar modestamente, pero con seguridad, en línea recta; podría haber llegado a la conclusión de que esa ruta cruzando el desierto era posible o no lo era, lo cual le hubiera llevado a decidir emprenderla o no. Lo mismo ocurre cuando fundas una *start-up*, ya que puedes calcular si será rentable o no lo será. O puedes hacer como Moisés, pensar que tu vida cotidiana es demasiado esclava, y lanzarte al desierto con el cuchillo entre los dientes. Es decir, te sientes cautivo de un trabajo que no te llena y piensas que emprender va a ser la solución a la ausencia de emociones en tu vida. Si prolongamos la comparación, la iniciativa de Moisés fue una empresa zombi durante los cuarenta años en los que no produjo ningún resultado (bueno, sí, las tablas de la ley). Pero es que disponían de un poderoso *business angel*: una zarza ardiendo que los regaba de maná, aquel pan que caía del cielo y saciaba el hambre del camino.

Los emprendedores también tienen su maná. Se llama *venture capital* (o capital riesgo), y no cae del cielo, sino de rondas de financiación. El *venture capital* puede garantizarte años de peregrinaje improductivo a pleno sol. Pero, ojo, porque esto no es gratuito: tendrás muchas penalidades que ofrecer en pago. Sin ir más lejos, recuerda que Moisés nunca llegó a pisar el país de Canaán. Dios no se lo permitió como castigo por una desobediencia. De la misma forma, muchos *founders* son despedidos de su propia *start-up* cuando la junta de accionistas decide que su desempeño no está siendo adecuado; ejemplos: Steve Jobs (Apple), Travis Kalanick (Uber), Andrew Mason (Groupon), Jack Dorsey (X)... Pero es que, además, por el camino, en el éxodo se pasó sed y hambre, algunos tuvieron que beber metal fundido por adorar a un ídolo falso, a Coré y a su familia se los tragó la tierra, Moisés tuvo que orar con paciencia para potabilizar el agua amarga de Mara y todos los exiliados fueron forzados a aportar sus objetos de valor para construir un tabernáculo en el que rendir alabanzas al *business angel*..., perdón, a Dios.

Y todo porque les fue prometida una tierra. El único motivo que hacía seguir caminando a los israelitas era ése: una promesa.

De la misma manera, es una promesa lo que hace que muchas *start-ups* zombis vaguen por el desierto del emprendimiento dopadas por el *venture capital* y rindiendo pleitesía a sus inversores, sin ofrecer ningún fruto ni a sus fundadores ni a sus financieros ni a sus empleados. La promesa de que el *venture capital*, el maná, es lo único que hace falta para triunfar en esta aventura. Que la rentabilidad, es decir, ofrecer unos resultados verificables (lo que habría sido para Moisés poner en un gráfico los kilómetros avanzados cada día hacia Canaán) no importa. Ni puedes sobrevivir haciendo aumentar el *hype* cada vez que te piden resultados. Ni que la impostura funciona.

Un ejemplo extremo de este teatro es el de Theranos, la empresa por la que Elizabeth Holmes resultó imputada con cargos penales por fraude, por los cuales fue condenada. Theranos era una *start-up* de tecnología médica que afirmaba ser capaz de construir una máquina que realizaría múltiples analíticas complejas con mínimas muestras de sangre o tejido en quince minutos. Holmes quería imitar el carisma de Jobs, y afirmaba que sus innovaciones iban a revolucionar la industria. Hasta que las dudas sobre la veracidad de sus propuestas rompieron el dique de la confianza. Y se descubrió que todo era pura filfa, y los cabecillas del proyecto fraudulento acabaron en la cárcel. Sin embargo, hasta ese momento, el *venture capital* (o capital riesgo) fue el maná que nutrió esta gran estafa. Entre los inversores más destacados se encontraban fondos de capital riesgo (como Draper Fisher Jurvetson, DFJ), fondos de cobertura (como el fondo de inversión de Rupert Murdoch) y empresas de capital riesgo (como Capital Group). Se estima que Theranos recaudó al menos 700 millones de dólares en fondos de capital riesgo y de inversión durante su existencia. Todo ello a cambio de nada: nunca demostró que ninguna de sus propuestas funcionara.

Te dijeron que con una gran idea el público correría a buscar tu producto y de la noche a la mañana tocarías el cielo. Y te dijeron también que lo único que necesitabas para lograrlo era crecer, financiarte, acumular capital..., que la rentabilidad y la facturación no importaban.

Pero sí importan. En nuestro caso, importan.

Por eso, cuando me hablan de «maná, maná», yo pienso en la canción de los teleñecos: «Dudú dududu».

La voz de la zarza ardiente

En el Éxodo, Yahvé se presenta ante Moisés bajo la forma de una zarza ardiente que no se consume. Su voz le pide que vaya al faraón y le exija la liberación del pueblo hebreo, tras lo cual se lo llevará a través del desierto en busca de la Tierra Prometida. Uno no le dice no a una zarza ardiente. Sobre todo cuando la sabe capaz de desatar siete plagas y conoce su poder.

En el mundo del emprendimiento, también hay actores que podemos considerar zarzas ardientes. Por ejemplo, las entidades de *venture capital* (VC) o capital riesgo. Uno no le dice que no a Sequoia Capital, a Andreessen Horowitz, a Benchmark. Uno conoce el poder de esas firmas, y cuando esas firmas se interesan por uno, uno se siente tocado por el dedo de Dios. Y esto no sólo sirve para estos nombres de fama internacional; por proyección, si una firma de capital riesgo nacional, o incluso local, se interesa por uno, uno baila de alegría.

Al igual que la zarza ardiente es una parte importantísima para conformar el relato del Éxodo, las entidades de VC son una parte importantísima para conformar el relato que Silicon Valley quiere contar de sí mismo. Por eso, cada vez que una *start-up* se presenta a una ronda de financiación y tiene éxito, aparece en los periódicos. Pero esto no debería ser noticia. Noticia es cuando una empresa obtiene un éxito incontestable y cambia nuestras rutinas, como OpenAI. El VC consiste en una entidad que apuesta por el éxito futuro de una *start-up*. Por tanto, la ronda de financiación positiva, insisto, no debería ser noticia, sino la posibilidad de una noticia futura. El VC no es un fin, el VC es un medio.

El vocabulario que hay detrás del concepto «ronda de financiación» (en inglés, *financing round*), nos conduce al mundo del boxeo, para que nos imaginemos a un *founder* que entra en el Coliseo romano y se enfrenta a gladiadores y leones hasta que el emperador alza el pulgar. Pero una ronda de financiación no tiene nada de eso. Ni siquiera es un evento que se celebre. Una ronda de financiación es lo que hace un tipo que va por las entidades pidiendo dinero. Y cuando ya no le quedan inversores a los que acudir, echa las cuentas. Y si ha conseguido tanto como necesitaba, hace un fiestón para que todos se enteren. Y si ha conseguido muchísimo más de lo que necesitaba, no sólo hace un fiestón, sino que, además, convoca una rueda de prensa. Y si le falta dinero, busca crear FOMO: «Estoy a punto de cerrar la ronda con fulano, con mengano y con zutano, y tú te vas a quedar fuera si no te das prisa».

De esta manera, el mito de las rondas de financiación ha ido incorporándose a nuestras mentes como algo propio del emprendimiento tecnológico. No sólo como una opción disponible, sino como algo obligatorio si te quieres dedicar a esto. Además, este mito queda reforzado por varios casos de éxito, de *start-ups* que levantaron un chorrón de pasta o que fueron compradas por los gigantes de Silicon Valley cuando apenas producían beneficios (lo que no se cuenta es que muchas nunca llegaron a producirlos, como es el caso de Magic Leap, empresa de realidad aumentada y virtual que desde 2010 a 2014 conseguía 540 millones de dólares de inversión sin haber lanzado ningún producto). Basta con fijarnos en la cronología de alguna firma más que conocida para creer que todos podemos tocar el cielo sin generar un euro adicional. Instagram levantó millones sólo unos días antes de ser comprada también por millones.

Otro ejemplo es Uber. Veámoslo de forma resumida:

2009. Travis Kalanick y Garrett Camp fundan Uber en San Francisco con dinero propio y de algunos inversores privados.

2010. Uber completa su primera ronda de financiación semilla (*seed capital*), recaudando 1,25 millones de dólares. La empresa lanza oficialmente su servicio sólo en San Francisco.

2011. En la ronda de financiación de serie A, liderada por

Benchmark Capital y otros inversores, Uber recauda 11 millones de dólares.

2012. En la ronda de serie B, recauda 37 millones. La empresa comienza a expandirse a nivel nacional e internacional. Apenas había salido de California.

2013. En la ronda de serie C recauda 258 millones de dólares. Uber eleva su valoración a 3.500 millones de dólares. Todavía no es rentable.

2014. Uber recauda 1.200 millones de dólares en una ronda de financiación liderada por Fidelity Investments, lo que lleva su valoración a 17.000 millones. La empresa continuó su expansión global sin conocer aún la rentabilidad.

2016. Uber anuncia que ha alcanzado la rentabilidad en dos de sus mercados más grandes, Estados Unidos y Canadá (excluyendo los costos de expansión y subsidios de conductor).

2019. Uber sale a bolsa a través de una oferta pública inicial (OPI) en la Bolsa de Valores de Nueva York. Continúa registrando pérdidas operativas en sus estados financieros.

2020. Primeros trimestres con beneficios ajustados sólo en ciertas regiones, lo que representa un hito en su camino hacia la rentabilidad. No obstante, la empresa continúa reportando pérdidas en términos generales.

2023. Al mismo tiempo que escribo estas líneas, recibo la siguiente noticia: tras un potente segundo trimestre del año, Uber ya puede decir oficialmente que es rentable, con un margen del 4 %.

Le ha costado doce años alcanzar la rentabilidad. Sostener más de una década de crecimiento sin beneficios depende de unas virtudes que el VC sabe valorar bien: aspirar a un gran mercado y desbancar de él a tus competidores, entrar de los primeros o desarrollar un efecto de red antes que tus rivales son cosas que a los inversores les suenan bien.

Ya ves. Si nos atenemos a casos como el de Uber u otros gigantes que comenzaron con los ahorros de los *founders* y fueron creciendo a base de inyecciones de dinero mucho antes de ser capaces de generar beneficios, parece que lo de la rentabilidad es cosa del pasado, algo propio de *losers* (perdedores). Tú preocúpate de financiarte en rondas exitosas regadas con champán, que la rentabilidad ya te llegará después de que tu empresa valga miles de millones. Pasó con Netflix, con Spotify, con Slack. Algunas ni siquiera tuvieron que pasar por tanta ronda. La *start-up* israelí Waze, una app de navegación por GPS, fue comprada por Google por una suma millonaria, y muchísimo antes de que generase ni un céntimo de beneficio. A Google le interesaba aprovecharse de la tecnología de Waze para su Google Maps, pero también quedarse con sus 50.000 usuarios y hacer desaparecer a un competidor serio.

En estos casos, el VC sí que es el único camino, porque, ¿cómo vas a desarrollar sin un duro algo tan complejo como una flota de coches que no son tuyos, un portal con todas las canciones del mundo, un videoclub en *streaming* o un navegador GPS? El dinero que necesitas para sacar un mínimo producto viable es, en estos casos, enorme, y el camino hacia la rentabilidad es largo. Y es que, amigo mío, cuando la rentabilidad llega, llega de verdad. Y en el trayecto te has llenado de liquidez los bolsillos.

Pero ¿esto del VC es para todos? Bueno, si viviéramos en el país de la gominola quizá el VC sería para todos. Vamos a explicar cómo funciona para entender a qué te enfrentas si confías en exceso en inversores y te olvidas de la rentabilidad.

Así funciona el *venture capital*..., en el mejor de los mundos posibles

El *venture capital* (VC) tiene sentido. No quiero que interpretes este texto como una especie de negacionismo de máximos en el que se afirma que la tierra es plana. Igual que pedir un préstamo para comprar un tractor es lógico, dado que multiplicará el valor y la extensión de tu tierra cultivable, pedir el dinero que tú no tienes para desarrollar una idea que escale y gane valor en el mercado tampoco es descabellado. Las entidades de VC se ganan la vida con esto, porque en el mundo del emprendimiento tecnológico los riesgos imposibilitan el préstamo normal, como el de ese crédito agrícola que te concederían para comprar un tractor. Para esto nacieron las entidades de VC, para ser los más arriesgados de los inversores, para ganar una apuesta de cada diez. Pero no nos adelantemos.

Lo que he venido a cuestionar aquí no es si el VC tiene sentido; el VC y, por extensión, todos los inversores tienen todo el sentido del mundo cuando necesitas millones de dólares para construir algo. Lo que quiero que nos planteemos es si tiene sentido en todos los casos. Porque ése es el mito que parece haberse alojado en la mente de muchos emprendedores.

Según la biblia de Silicon Valley, que sólo cuenta historias con final feliz, el VC es una maquinaria engrasada y predecible. El VC necesita crear ese relato porque se alimenta de emprendedores. Pero, claro, en su crónica escoge hablar del que tiene éxito, no de los 99 en los que han invertido sin obtener fruto, ni de los 10.000 que buscan la inversión y no la obtienen. Sin emprendedores, no hay VC; el relato es la zanahoria, y los emprendedores, los burros.

Como, según este relato, todos los emprendedores, por el mero hecho de serlo, están llamados a triunfar, se pueden establecer los pasos por los cuales una *start-up* adquirirá un valor multimillonario gracias al VC. Estos pasos no son una mentira; el proceso, a veces, se produce tal cual lo explico. Lo que hay que darse cuenta es cuándo, cómo y para qué. Vamos a resumir estos pasos con un ejemplo muy simplificado...

1. Eres un founder *con una gran idea*

Ponte que un buen día tienes una idea. Te parece una idea bestial. Crees que es lo suficientemente poderosa como para montar con ella una *start-up*, y la llamarás «Megaidea».

En ese momento, Megaidea es toda tuya, enterita. Y ha conseguido recaudar cero euros.

Para dejar un poquito más claras las cosas, vamos a comparar tu periplo financiero a bordo de Megaidea con un ejemplo real. En 2010, un irlandés llamado Patrick Collison, de veintipocos años, lleva tiempo dándole vueltas a un problema que le obsesiona: ¿por qué es tan difícil que te acepten pagos por internet? Junto con otros socios, ya ha fundado una *start-up*, llamada Auctomatic, incluida en el ecosistema de Y Combinator. Esa iniciativa le ha sido rentable, pero no duradera; al poco tiempo la ha vendido por cinco millones. Pero es ahora cuando el viento se le pone de cola y, a base de probar prototipos e iterar, se ve capaz de poner en marcha la idea adecuada para solucionar ese problema. Así se funda Stripe.

2. *Te buscas tus* partners, *que serán* cofounders

Pero tú no eres capaz de sacar Megaidea adelante en solitario. La compartes con un amigo que entiende mucho de tecnología. El amigo te confirma que es una gran ocurrencia, y te propone unirse a ti en el proyecto. Ninguno tiene dinero para invertir, pero ambos os comprometéis a dedicar los próximos años a trabajar *full time* en Megaidea.

Ahora, Megaidea se ha partido en dos: la mitad para ti, la otra mitad para tu amigo. Y ha conseguido recaudar cero euros.

Patrick Collison no tuvo que ir muy lejos para encontrar a su comparsa. John Collison, su hermano más pequeño, ya había estado con él en Auctomatic. En su caso no podemos decir que no tuvieran dinero para invertir: ambos se había llevado un pico de esa venta. Pero admitamos que no era suficiente para el pedazo de reto al que se enfrentaban. Compartían experiencia y obsesión: John trabajaba duro con su hermano en la iteración necesaria para solucionar el problema de facilitar los pagos de internet. Y, en la fundación de Stripe, tuvo tanto peso como él.

3. *Entran los familiares y los tontos (*fools*)*

Tu amigo y tú, los dos *founders* de Megaidea, dedicáis un rato a pensar qué necesitáis para poner esto en marcha. Recordáis aquello del *ramen profitability*, porque sois jóvenes y tampoco es que tengáis muchos gastos. Así que os conformáis con asaltar a tu cuñado, que ha ganado mucho dinero últimamente con su empresa de reformas. No te cuesta mucho convencerlo para que meta 15.000 euros en Megaidea a cambio del 5 % de la empresa. Y no es mal trato, porque tu empresa, en esos momentos, está valorada en cero euros.

Además, tu amigo, que se ha leído todos los libros de VC, propone separar un 20 % de la participación que no será ni para ti ni para él ni para tu cuñado, sino que estará destinada a pagar con acciones a futuros empleados que podáis necesitar. Esto se llama *option pool*.

Así que, ahora, Megaidea ya tiene tres dueños presentes y un hipotético cuarto dueño futuro, la plantilla. Así va la tarta: 37,7 % tuya, 37,7 % de tu amigo, 5 % de tu cuñado y 20 % de la futura plantilla. Además, ha recaudado 15.000 euros, los de tu cuñado.

En el caso real de Stripe, no se puede decir que los *fools* fueran demasiado *fools*. La machacona puesta a prueba del producto llevó a los hermanos Collison a ofrecer sus servicios a una primera empresa, 280 North, una *start-up* vinculada a Y Combinator. El fundador de 280 North, al ver el potencial de Stripe, no dudó en unirse a ella como uno de sus primeros empleados.

4. Seed capital: *entra el «ángel»*

Tras unos meses de trabajo, ya tenéis algo que enseñar. Así que no os lo pensáis y decidís comenzar la primera ronda de financiación, o *seed round*. Resulta que Megaidea parece buena de verdad, porque en esa ronda surge un *business angel* interesado que invierte 185.000 euros a cambio de un 16,7 %, porque valora tu empresa en un millón. (Ojo, que Megaidea todavía no ha facturado un euro.)

Así que el troceo de Megaidea continúa: 31,2 % sigue siendo tuya; 31,2 % de tu amigo; 4,2 % de tu cuñado; 16,7 % de la futura plantilla y 16,7 % del *business angel*. Y tu empresa ya ha conseguido 200.000 euros como capital, pero cero euros de ingresos.

Como verás, astuto lector, el porcentaje que cada propietario posee se va reduciendo a medida que entran nuevos propietarios. ¿Por qué tu cuñado no protesta, cuando antes tenía el 5 % y ahora sólo el 4,2 %? Pues porque cuando tu cuñado invirtió, Megaidea valía cero euros, mientras que ahora vale un millón. Tener el 5 % de cero es bastante menos que tener el 4,2 % de un millón, ¿verdad? Tu cuñado invirtió 15.000 euros que ya se han convertido en 42.000, un beneficio del 180 % si vendiera ahora sus participaciones.

El primer *seed capital* de Stripe vino, cómo no, de Y Combinator, la mítica aceleradora de *start-ups* del gran Paul Graham, de la que ya te he hablado. Éste ya conocía el potencial de los hermanos Collison, pues los había acogido en su seno con Auctomatic, con la que había ganado un dinerito como inversor. Así que él mismo se anticipó, ofreciéndose a financiar Stripe.

5. Primera ronda de financiación: serie A

Sigamos. Con los 200.000 euros del *business angel* ya puedes desarrollar lo suficiente tu propuesta. Para ello, necesitas empleados. Contratas a un programador que acepta un sueldo mediocre a cambio de una participación del 1,8 % en Megaidea. Esa participación sale del llamado *option pool* que habíais reservado para futuros empleados, ¿recuerdas? Pasados unos meses, quizá ya tengas un mínimo producto viable de Megaidea y puedas lanzar el producto al mercado. Lo haces... Y, como el producto gusta, obtienes tus primeros ingresos..., que para nada te llegan para cubrir gastos todavía. Sin embargo, te enfrentas a otra ronda de financiación, que ya no llamaremos *seed capital*. Esto ya va en serio: te adentras en el puro y duro *venture capital*. Y es que los inversores de riesgo ya están valorando Megaidea en 4 millones de euros, por lo que están dispuestos a invertir 1.800.000 euros a cambio de un tercio de la empresa.

Veamos, aproximadamente: 19,2 % de la empresa sigue siendo tuya; 19,2 % de tu amigo; 2,6 % de tu cuñado; 13,5 % de los futuros empleados; 10,3 % del *business angel*; 1,8 % del primer empleado; y el 33,3 % de un fondo de riesgo, o *venture capital* (VC). Megaidea ha levantado ya 2 millones de euros. Ha reportado sus primeros ingresos con la venta de producto. Ojo, si te fijas, desde hace tiempo tu participación ya es lo bastante reducida como para que el consejo de accionistas te mande a la calle si no le gusta tu gestión como CEO. Pero esto es ley de vida del VC: el porcentaje de participación de cada propietario se reduce, pero a nadie le importa, porque la empresa crece, y, mientras crezca, nos forramos.

¿Quiénes metieron la pasta en Stripe? Pues no hubo ninguna sorpresa. Los Collison habían armado tan bien su producto y, además, tenían tan buenos contactos que el dinero entró como un cuchillo caliente en mantequilla. En primer lugar, los Collison no ocultaban que querían crear una plataforma de pagos tan segura y eficaz como PayPal pero con una experiencia de usuario mucho más amistosa (¿recuerdas lo de coger algo que ya está hecho y ponerle un relojito, como decía Homer?). Así que una de las primeras personas con las que se reunieron tenía que ser Peter Thiel, fundador de PayPal. Éste no sólo estuvo dispuesto a ofrecer su conocimiento y experiencia, sino que también quiso invertir. El interés de Thiel despertó el interés de otros. A Stripe se le veía el cuerno de unicornio a tres kilómetros de distancia. En una primera ronda recaudaron 2 millones con aportaciones de entidades de VC bien conocidas: Sequoia Capital, Andreessen Horowitz y SV Angel.

6. Lo lograste: otras series y oferta pública inicial

Resulta que Megaidea crece, crece y crece. Así que, después de la serie A llegarán la B, la C e incluso la D. Quizá incluso puedas sacar Megaidea a bolsa para obtener más capital aún. En unos meses, Megaidea va como un tiro y puedes contratar empleados con un salario digno sin necesidad de pagarles en acciones, las cuales mantienes reservadas para atraer a los talentos más desbordantes (pagar en participaciones es alinear la apuesta por la empresa con la apuesta por el individuo). La valoración ya es estratosférica:

2.600 millones de euros. En este contexto, presentas una oferta pública inicial (OPI) para sacar a bolsa el 8,3 % de Megaidea. Las acciones se venden como la espuma. Y, además, los ingresos por la venta de producto o servicio están creciendo de modo exponencial.

Una última foto: el 17,5 % de la empresa sigue siendo tuya; el 17,5 % de tu amigo; el 2,4 % de tu agradecido cuñado; 12,45 % sigue reservado para empleados; el 1,7 % es de tu primer empleado; el 30,5 % es del fondo VC; y un nuevo 17,95 % es público, transferido a través de valores bursátiles. Megaidea ya ha levantado 235 millones de euros. Y ya reporta una facturación propia de una gran empresa tecnológica.

Como ves, tú, como fundador, comenzaste en posesión del 100 % de la empresa, y ahora sólo tienes el 17,6 %. Pero es que antes tenías 100 % de 0, y ahora tienes el 17,6 % de 2.600 millones. O sea, tienes 457,6 millones de euros.

En el caso de Stripe, las rondas de financiación son sencillamente descomunales: 255 millones de dólares en 2018; 350 millones en 2019; 600 millones en 2020 (creciendo a muerte en mitad de la pandemia); otros 600 millones en 2021... Y así hasta lograr levantar la cifra récord de 6.500 millones de dólares en 2023, inyectada por Andreessen Horowitz, Baillie Gifford & Co., Founders Fund, General Catalyst, MSD Partners y Thrive Capital. Esta financiación aumenta en la misma proporción que los usuarios de Stripe, que ya es una empresa imprescindible para hacer compras en internet: tú no lo sabes, pero la usas cada día. Es un servicio fundamental en nuestras rutinas. De momento no ha salido a bolsa, pero, si lo hiciera, es probable que reventase el parqué.

Así que aquí te he expuesto un ejemplo de cómo debería ser el VC en el mejor de los mundos posibles. Los *founders* fundan, los inversores invierten, los desarrolladores desarrollan, los usuarios usan y todos brindan con champán y ocupan portadas de *Wired Magazine*.

Y todo esto gracias a que la empresa ha crecido. Porque ha crecido, ¿eh? ¡Ha crecido mucho! ¡Ha crecido mucho y siempre! Pero, ojo, ¿podría no haber crecido? ¿Acaso hay *start-ups* que se entregan al VC y luego no crecen? ¿De verdad que las hay?

Pues claro que las hay.

Y aquí es donde se estropea esta bonita historia.

Hay baños de maná y hay baños de realidad

La realidad es ese lugar donde las leyendas empiezan a hacer aguas. Todo lo que te he contado en el anterior apartado sirve para un modelo ideal, eso que los científicos estudian en un laboratorio donde puedes recrear las condiciones ideales. Pero el progreso de una *start-up* a base de *venture capital* (VC) depende de muchísimos imponderables. Muchos son extrapolables desde los capítulos que ya hemos ido desarrollando: el mercado, el *timing*, la necesidad, la adquisición... También, y esto es importante, el modelo de negocio de tu idea está llamado a determinar si el VC es el camino correcto. El VC es adecuado para empresas que escalen mucho y rápido, con mercados muy muy grandes. Lamentablemente, no hay una bola de cristal para saber si una *start-up* recién fundada va a responder a este modelo. Nadie puede predecir si una iniciativa va a escalar exponencialmente (es mucho más fácil saber cuándo no lo va a hacer: cuando el mercado es pequeño o no muestra posibilidad de crecimiento). Las entidades de capital riesgo cuentan con ello, y por eso actúan como actúan.

Sequoia es una de las pioneras, mayores y más reputadas entidades de VC, cuyos fundadores se formaron en Fairchild Semiconductors International, en la década de 1970. Fairchild constituía uno de los primeros y únicos fabricantes de microchips en aquel momento en el mundo. Pero no tenían la capacidad de producción necesaria para la explosión de la demanda que se vivió en aquella época. Así, Fairchild montó un departamento que se dedicó a estudiar el potencial de los posibles clientes, para abastecer sólo de microchips a los más prometedores. En este departamento trabajaron personas como Don Valentine, que años después fundó Sequoia. La labor de Sequoia era la misma: seleccionar las empresas con mayor potencial. Sólo que, en este caso, el premio, en lugar de microchips, consistía en capital. Regaban con millones a las empresas pioneras de internet para que compraran los, por entonces, carísimos servidores. Entre las primeras beneficiadas estuvieron Cisco, Google, Apple, Nvidia... La idea del VC sigue siendo la misma: hay poco capital para tantas ideas, igual que había pocos microchips para tanta industria emergente. Es decir, que el VC, desde su concepción, se construye con la premisa de que la mayoría de las empresas que se crean van a fracasar. Y que incluso resulta habitual no acertar con las inversiones y que perder con frecuencia forma parte del juego. Te voy a explicar cuál es la estrategia habitual, para que te hagas una idea.

Vamos a imaginar ahora que la Biblia sólo cuenta una décima parte de la historia, la única que trascendió. En realidad, la zarza ardiente no sólo se apareció ante Moisés. Lo cierto es que con antelación había seleccionado a lo largo de todo el planeta diez pueblos en horas bajas, pero con cierta posibilidad de emerger. «Si les ayudo a emanciparse y a funcionar con un poquito de maná y de motivación, me lo devolverán en forma de acólitos que me adorarán para siempre», pensaba la zarza. Por un lado estaba el pueblo de Israel, esclavo de los egipcios. Por otro lado..., no sé, pongamos tres o cuatro clanes en Extremo Oriente, unos cazadores recolectores en el norte de Europa, unos débiles asentamientos en el río Níger... No soy experto en historia antigua..., pero digamos que eran gentes con cierto potencial, pero en circunstancias precarias.

El caso es que la zarza ardiente se aparece a cada uno de sus líderes y les promete ayuda para alcanzar tiempos de gloria. Los líderes aceptan y convencen a su pueblo. Y empiezan el recorrido. La zarza les entrega maná de vez en cuando y actúa en situaciones extremas, separando las aguas del mar Rojo, por ejemplo. A los pocos años, los del río Níger han perecido de hambre; el maná no fue suficiente. Los cazadores recolectores sufrieron una plaga y se extinguieron. Dos de los clanes de Extremo Oriente no encuentran su rumbo y la zarza ha decidido dejar de mandarles maná, porque ya se ve que no van a llegar muy lejos. De los diez pueblos elegidos, el único que aún parece conservar su potencial es el judío, que, aunque a base de traspiés, camina hacia un destino claro. Sólo justo antes de llegar a la Tierra Prometida, la zarza despide al CEO, perdón, al líder, es decir, a Moisés, que nunca llega a conocer Canaán. Pero así asegura su inversión.

De hecho, finalmente, la zarza ha invertido unas pocas toneladas de maná en diez pueblos. Sólo uno ha llegado a su meta. Pero ese uno se ha multiplicado de forma exponencial. De Egipto huyen un millón de judíos. Unos miles de años después, en el mundo hay más o menos cuatro mil quinientos millones de practicantes que incluyen el Éxodo entre sus credos (judíos, cristianos y musulmanes). Las otras historias, las de los clanes de Extremo Oriente, los del río Níger, los de Europa, se han perdido en la memoria de los tiempos. Pero a la zarza le da igual, con los de Moisés ha amortizado de sobra sus inversiones.

Pues bien, así funciona el *venture capital*. Cuando una entidad de capital riesgo invierte cien mil dólares en tu *start-up*, debes saber que tu *start-up* es una más entre diez, quince o veinte empresas en las que se invierte; y una más entre miles de empresas que no captan inversión. Debes saber que no eres más que una de las tarjetas del bingo que el VC está comprando. Por ejemplo, una consulta en Wikipedia nos dice que cuando Y Combinator invirtió la friolera de 20.000 dólares en Airbnb, al mismo tiempo también estuvo financiando 1000Memories, Bump, Homejoy, Listia, Mixpanel, Optimizely, OwnLocal, PagerDuty, Recurse Center (Hacker School), RethinkDB, Stripe, WakeMate y WePay.

En esta industria, los números son muy crueles, pero bien conocidos. Se sabe que el 80 % de esas empresas financiadas con VC fracasan. El 15 % se convierte pronto en empresas zombis. Sólo el 5 % llega a producir una rentabilidad 10 veces mayor que la suma de lo que se invirtió en todas, y por eso el VC sigue adelante, articulando fondos de capital riesgo que buscan una rentabilidad a siete años.

Es cierto, es mejor entrar en juego que estar fuera desde el minuto uno. Pero será mejor que esperes a celebrarlo en el momento en que tu *start-up* empiece a ser rentable, se muestre viable y cuando el VC que confió en ella dé la inversión por amortizada. Celebrar que te han dado cien mil euros sin la seguridad de que tu empresa va a ser rentable es como celebrar que te han dado una hipoteca para tu casa sin tener recursos con qué pagar la cuota cada mes: nada que celebrar.

Porque..., ¿y si no creces?

El *venture capital* (VC), o capital riesgo, tiene ciertas preferencias. Quiere invertir en empresas que escalen muy rápido, para lo cual prioriza aquellas que se presentan en mercados novedosos, porque siempre es más fácil llevarse una gran cuota de mercado cuando eres el primero que robársela al primero cuando llegas después. El VC también prioriza que el mercado sea grande, con potencial para crecer, y que el equipo de la *start-up* sea prometedor (ya te he contado lo poco que les costó a los Collison encontrar financiación... porque eran los Collison). Pero el VC prefiere un mercado grande con un equipo medio que un mercado medio con un equipo buenísimo. Luego, por fin, el VC considera el producto que ofrece la empresa en la que está pensando invertir. El producto ocupa una escala sorprendentemente secundaria en esto, porque, por experiencia, los inversores saben que se saca más provecho a un buen equipo que a un buen producto. Y es que necesitas que ese producto evolucione y se mantenga como el esencial para cubrir necesidades de clientes en constante cambio. Ahí es donde brilla el equipo bueno: al iterar. Recuerda que lo importante no es la idea, sino la respuesta al problema.

Al VC también le gustan los negocios que generan efecto red. ¿Qué es esto? Los modelos según los cuales la suma de un nuevo usuario a la plataforma hace que aumente el valor de la plataforma para todos los usuarios. Un ejemplo «viejuno» es el teléfono: si en la ciudad sólo hay un teléfono, al usuario no le sirve para nada; diez abonados son más útiles para el usuario nueve, pero menos que once. Cuando Google lanzó su propia red social, Google+, puso sobre la mesa un montón de prestaciones que superaban las que estaban de moda por entonces, Facebook y Twitter. ¿Qué pasó? Que no tenía usuarios y, por tanto, no tenía contenidos. La gente estaba en Facebook por los contenidos e interacciones que ofrecían los usuarios, y no se iban a mudar a Google+ para perderlos, por muy interesante que fuera esa aplicación. Facebook y Twitter tenían efecto de red; Google+ no lo tenía. Una vez que consigues el efecto red, es muy difícil que te descabalguen, por eso la red X (anteriormente llamada Twitter) es capaz de mantener gran parte de su valor pese a cualquier decisión discutible de cualquier CEO.

Al VC también le gusta algo que suele venir de la mano con el efecto de red: el *winner takes all*. Es decir, un crecimiento tan sobredimensionado que obligue a los competidores a retirarse. Como cuando Uber se llevó toda la cuota de mercado del desplazamiento al aeropuerto de San Francisco: puso precios muy baratos, para subirlos por encima del precio oficial de los taxis cuando éstos abandonaron la ruta.

Estas estrategias son muy caras. Por ejemplo, la inversión que necesitó Amazon Web Services (AWS) para montar toda su nube desde cero supuso varios millones de dólares, pero consiguió posicionarla en un lugar privilegiado del que nadie la destronará. AWS fue construida inicialmente entre 2000 y 2005, y permitió a Amazon ser considerada empresa tecnológica y no de *retail*, como hasta entonces. Y vaya tecnología. Aquél era un mercado nuevo, un caso de uso nuevo para clientes nuevos, con un indiscutible efecto de red. De hecho, aquella inversión en la nube se ha convertido en un mecanismo defensivo inexpugnable contra la nueva ola de la inteligencia artificial (IA). Los nuevos gigantes tecnológicos como OpenAI tienen que asociarse con proveedores de nube porque no pueden construir el descomunal *cloud* que necesitan para sus modelos.

Por casos como éste, las VC entienden que pueden invertir a pérdida. Meter un montón de millones adicionales en negocios como Amazon Web Services a medida que vayan consumiendo los que ya has metido previamente puede tener sentido..., siempre y cuando el negocio escale, ocupe un nicho vacío, genere efecto red, destruya a todos sus competidores o todas esas cosas al mismo tiempo.

Pero ¿qué pasa si no creces? Porque el lado oscuro de este

modelo es el siguiente: cada ronda te impone una valoración, y la siguiente ronda tiene que ser una valoración mayor. Cada valoración tiene sus métricas de ingresos, usuarios, retenciones... que, además, varían según contextos externos. Así que, si no has llegado a las métricas necesarias para la siguiente valoración, o si los estímulos externos (como el precio del dinero) cambian, los inversores podrían buscar otra cosa (como ha pasado desde 2023 en adelante). Entonces te quedas a mitad de camino. Si te falta dinero puedes hacer una ronda puente, es decir, ronda a la misma valoración para poder tener un poco más de caja a fin de llegar a los objetivos marcados. Pero, claramente, esto es una mala señal.

Cuando en una primera ronda de financiación has levantado 100.000 euros y has cumplido con los objetivos, pero en la segunda vas a buscar 200.000 y te quedas en 50.000, estás desvelando que la valoración de tu empresa no está aumentando. Recuerda que crecer era lo único que hacía que tus inversores aceptasen tener una porción cada vez más pequeña de la tarta, porque, como le ocurría a tu cuñado, tener el 5 % de cero era bastante menos que tener el 4,2 % de un millón. Pero, si no creces, tu cuñado pasa a tener menos participación en la compañía, sin compensación posible. Es decir, su inversión se está depreciando. Y esto lo ven los demás inversores, que no querrán meter más dinero en tu empresa.

¿Qué hacen los inversores que ya han apostado por tu proyecto? Pues, si son familiares o *fools* (esos «idiotas» que han creído en ti a ciegas) que no sabían a lo que jugaban, se enfadarán, te retirarán la palabra, te quitarán tu cubierto de la cena de Navidad... Pero, si son profesionales del *seed capital* o del VC, no harán nada. Sencillamente, dejarán morir tu empresa, y allá te las apañes, porque ellos han hecho otras nueve inversiones, además de la tuya, y de esas nueve hay una que va muy bien y otras dos que aún crecen.

Otra de las formas en las que se manifiesta el ADN del VC es que nunca cierran una puerta. Cuando te dedicas a las inversiones más arriesgadas del mercado, no le dices no a nada, porque no estás seguro de cuál de ellas podría destacar sorpresivamente. Pero que no le digan que no tampoco implica que le digan que sí;

o sea, su forma de decir que no es no decir que sí. Puedes ir a verlos con una idea desastrosa sin modelo de negocio ni métricas posibles, y quizá su respuesta, por política, será: cuéntamelo dentro de unos meses, cuando lo tengas un poco más maduro. Nadie te dirá en esas rondas de financiación que, como el emperador del cuento, vas en pelota picada. ¿Qué ganan ellos con desanimarte? ¿Qué pierden ellos con motivarte? Nada. Pero es que si perdieran algo tampoco les importaría, porque perder algo es parte de su modelo de negocio. Las VC están preparadas para perder.

Otra de las razones por las que no se deberían celebrar las rondas de financiación «hipervitaminadas» es la necesidad de responder a las expectativas, lo que no es fácil. Cuando una empresa, debido al *hype* o lo que sea, levanta 100 millones de dólares, pero, según su potencial, su valoración no debería pasar de 5 millones, le costará crecer a la velocidad necesaria como para satisfacer las enormes expectativas que han puesto en ella. Esto supondrá que la siguiente ronda de financiación no cumplirá objetivos, y que los inversores empezarán a tener miedo. Como, además, la empresa se ha troceado, los propietarios pueden tomar la decisión, por mayoría, de despedir al CEO, que hasta ese momento era el *founder*. Por eso, a veces leerás noticias que te parecerán incomprensibles, pero que tendrán todo el sentido del mundo. Por ejemplo, cuando Instacart decidió reducir varias veces la valoración de su negocio antes de salir a bolsa. Sus líderes estaban intentando gestionar las expectativas para que ésta no se convirtiera en una exigencia imposible de satisfacer.

Por lo tanto, cuando necesitas servirte del VC, lo mejor es andar por lo segado. ¿Qué necesidad hay de aceptar valoraciones disparatadas o un maná caído del cielo que nadie se puede comer, pero por el cual habrá que rendir cuentas igualmente?

WeWork: cuando resulta que la rentabilidad sí que importa

La historia de WeWork, que en su momento fue considerada la *start-up* más valiosa de su categoría, es un claro ejemplo de que, por mucho que te bañen en maná, puede llegar el momento en que la zarza ardiendo venga a echar cuentas. Desde su inicio en 2010, WeWork se presentó como una innovadora empresa de *coworking*. Aprovechó la creciente demanda de espacios de trabajo flexibles y colaborativos en un mundo en constante cambio. Sin embargo, la novedad aparente de su modelo de negocio estaba lejos de ser revolucionaria. WeWork no estaba realmente ofreciendo tecnología de vanguardia o una solución única. Todo lo contrario, su mercado no podía ser más tradicional: el arrendamiento de espacios de oficina. Alquilaba propiedades comerciales, las renovaba y las subarrendaba a individuos y empresas a corto plazo.

Sin embargo, a medida que WeWork crecía, su valoración se disparaba. Las rondas de financiación, lideradas principalmente por SoftBank, contribuyeron a elevar su valoración a cifras estratosféricas, llegando a alcanzar los 47.000 millones de dólares en 2017. Ya lo ves: así se podía inflar el valor de una empresa presentando una visión de disrupción tecnológica en un mercado tradicional, a pesar de que WeWork estaba lejos de ser una *start-up* tecnológica en el sentido convencional. Si la comparas con su competidora directa, Regus, te das cuenta de que WeWork no aportaba nada que no tuviera ya ese fósil del mercado inmobiliario. Sin embargo, la valoración de Regus no le llegaba a WeWork ni a la primera uve doble. Esta capacidad para generar un halo de falsa innovación, o un *hype*, o una venta de humo, si quieres, es algo que sí debemos reconocerle al talento de su fundador, Adam Neumann.

Para comprender mejor la evolución de WeWork, resulta importante examinar su historial de rondas de financiación. A lo largo de su trayectoria, Neumann se presentó repetidamente a inversores en busca de capital, y, durante varios años, tuvo un éxito considerable en la obtención de liquidez, a pesar de que no presentaba un modelo de negocio claro ni una visión demasiado rupturista, más allá de su fachada:

2011. WeWork recauda 17 millones de dólares en su primera ronda de financiación, liderada por Benchmark. Éxito.

2014. La empresa obtiene 355 millones en una ronda de financiación liderada por T. Rowe Price. Éxito.

2015. WeWork recauda 430 millones en una ronda de financiación liderada por Fidelity Investments. Éxito.

2016. WeWork consigue 690 millones en una ronda de financiación liderada por SoftBank y Hony Capital, valorando la empresa en 16.900 millones de dólares. Éxito.

2017. SoftBank invierte otros 4.400 millones en WeWork, aumentando su participación en la empresa y elevando su valoración a 20.000 millones de dólares. Éxito.

2018. WeWork recauda 3.000 millones adicionales de SoftBank, alcanzando una valoración de 45.000 millones de dólares. ¿Éxito? No, lo siguiente.

Hasta este punto, WeWork se había paseado por las rondas de financiación como Pedro por su casa, con valoraciones en constante aumento y una aparente confianza de los inversores. Sin embargo, en 2019, la historia cambió drásticamente. En ese año, The We Company, la marca por la que Neumann trataba de diversificar su actividad, presenta públicamente los documentos para su salida a bolsa a través de una oferta pública inicial (OPI). Sin embargo, la OPI se encontró con una recepción fría por parte de los inversores, quienes comenzaron a cuestionar la sostenibilidad financiera de la empresa y su estructura corporativa. Pero ¿cómo puede ser esto si WeWork era un incontestable unicornio?

Pues resulta que, a medida que se profundizaba en la investigación antes de la oferta pública inicial (OPI), se hizo evidente que WeWork estaba acumulando pérdidas significativas. Vaya, que no era rentable. El retorno de la empresa dependía en gran medida de la adquisición constante de propiedades inmobiliarias a largo plazo y su subarrendamiento a corto plazo, lo que generaba un desequilibrio financiero. Es decir, había que adelantar mucha pasta que se recuperaba poco a poco, lo cual no es malo por sí mismo (las empresas de fibra y cable actúan así); pero la necesidad de crecer rápido no permitía negociar apropiadamente los precios de los alquileres. Los inversores comenzaron a cuestionar la viabilidad futura de este modelo, dado el riesgo de una recesión económica o una caída en la demanda.

Además de esa falta de rentabilidad, también preocupaba la ausencia de un modelo de negocio claro. La expansión global acelerada de WeWork y su diversificación en áreas como la educación (WeGrow) y la vivienda (WeLive) sin un enfoque claro en la rentabilidad alarmaron a los inversores. Este enfoque en el crecimiento a toda costa, en lugar de generar beneficios, generó incertidumbre sobre la capacidad de la empresa para controlar sus gastos y convertirse en un negocio rentable.

Como ves, no todo es crecer; a veces se te pide rentabilidad, ¡qué cosas! WeWork fue valorada en cifras astronómicas en rondas de financiación previas, y esta valoración parecía no tener en cuenta las preocupaciones fundamentales sobre la empresa. Los inversores se dieron cuenta de que esto no era una *big tech*, sino una empresa de ladrillo valorada como una *big tech*, y les entró el miedo a que sus acciones sufrieran correcciones significativas en el mercado público.

Para males mayores, la estructura de WeWork, que involucraba a Adam Neumann en múltiples aspectos del negocio y le otorgaba un control desproporcionado sobre la empresa, planteó inquietudes sobre la gobernanza corporativa. Los inversores comunes no tendrían la capacidad de influir en las decisiones clave de la empresa, lo cual les echó para atrás.

Finalmente, WeWork canceló su salida a bolsa (OPI) debido a la falta de interés de los inversores y a las crecientes preocupaciones sobre su modelo de negocio y gestión. Un fracaso.

Este cambio de fortuna, en 2019, marcó el momento en que se hizo evidente que WeWork no tenía un modelo de negocio claro y que había estado operando mediante financiación externa y una narrativa de disrupción tecnológica, en lugar de fundamentos sólidos. La cancelación de la OPI y la posterior reestructuración de la empresa subrayaron las deficiencias en la estrategia y la gestión de WeWork, lo que llevó a una reconsideración general de su valor y viabilidad en el mercado.

El liderazgo de Adam Neumann también fue objeto de controversia. A pesar de tener carisma y una visión audaz, su estilo de gestión y su extravagante estilo de vida no generaban confianza. Neumann poseía una cantidad significativa de propiedades de WeWork, lo que planteaba un conflicto de intereses evidente. Además, poseía la marca de WeWork de manera personal, y se la vendió a su propia empresa por millones; otra manera de sacar dinero a los inversores. Su enfoque en la expansión global y la diversificación de los negocios en lugar de en la rentabilidad también fue cuestionado. La falta de claridad en la estrategia de la empresa y su rápida expansión sin tener en cuenta los costos contribuyeron a la erosión de la confianza de los inversores. Finalmente, fue despedido como CEO de la misma compañía que había fundado.

La historia de WeWork es un recordatorio de los peligros de sobrevalorar una empresa a base de *venture capital* (VC) sin un modelo de negocio claro ni una rentabilidad garantizada. Si, además, se disfraza de *big tech* mientras opera en un mercado tradicional, el cataclismo es aún mayor. La valoración de una empresa, grande o pequeña, debe basarse en fundamentos sólidos y no en narrativas engañosas ni en dinero caído del cielo.

¿Para qué sirve el VC cuando no necesitas VC?

«Los inversores de capital de riesgo (*venture capital*, VC) son interesantes, y, cuando visitas estas conferencias, hay muchos temas que gravitan en torno a la financiación, como si fuera lo más importante cuando comienzas y quieres construir una empresa. Es importante, pero tal vez no tanto como la mayoría de la gente cree. Tuvimos la suerte de que nuestro modelo de negocio, así como el producto, nos dio la oportunidad de empezar a generar ingresos muy temprano, en comparación con algunos otros modelos que requieren mucho capital al principio.» Estas palabras las pronunció Branko Milutinović, *founder* y CEO de Nordeus, una empresa de la que ya he hablado anteriormente. Nordeus ha llegado a ser líder del mercado de los videojuegos sin necesidad de levantar ni un céntimo en ninguna ronda de financiación. Y es la prueba de que el VC no es el único camino, incluso cuando hablamos de empresas que alcanzan una gran escala.

¿De qué te sirve un horno cuando hay cocido en el menú? ¿Para qué quieres gasolina si viajas en AVE? ¿Por qué buscar colegio si no tienes hijos? El VC sólo es necesario cuando es necesario, igual que sólo necesitas el horno para hornear, gasolina para un motor de explosión y un colegio cuando tienes a quien escolarizar. Saber si tu *start-up* debe financiarse con VC resulta muy sencillo. Tan sólo tienes que responder a esta pregunta: ¿cuánto dinero te hace falta para empezar a facturar?

Si la respuesta es «poco dinero», si puedes generar en poco tiempo un mínimo producto viable con el que empezar a hacer negocio, como le pasó a la gente de Nordeus, ahí lo tienes: no te hace falta pasar por ninguna ronda de financiación. Quizá con tus propios fondos, con un préstamo personal, con tus horas de trabajo o con el adelanto del pago de algún cliente consigas un negocio sostenible desde el primer minuto. Eso es lo que se llama *bootstrapping*, y que se define como sacar una empresa adelante con tu trabajo y tu dinero, sin pedir prestado a nadie.

El *bootstrapping* no es una quimera. No sólo resulta adecuado para empresas pequeñas, sin la ambición de reventar los cielos; sino que también ha demostrado capacidad para lanzar *start-ups* al estrellato. Ahí está el caso de Atlassian, una firma australiana que desarrolla software para corporaciones, con productos muy valorados, como Jira o Confluence (aunque odiados por muchos desarrolladores). Fundada en 2002 por Mike Cannon-Brookes y Scott Farquhar, Atlassian pasó tres años practicando puro *bootstrapping*, y tirando de una deuda de 10.000 dólares de una tarjeta de crédito; hasta que en 2005 levantó algo más de 1 millón de dólares. Sólo en 2010 se presentó a una ronda significativa, cuando levantó 60 millones de dólares, y alcanzó una valoración de 400 millones de dólares.

Si Cannon-Brookes y Farquhar lograron realizar este trayecto en solitario, fue porque sus productos generaron beneficios desde el principio. La rentabilidad acompañó a Atlassian desde su nacimiento. Y este camino también es válido. 37Signals, la empresa creadora del gestor de proyectos Basecamp, y de otras muchas herramientas de éxito, es otro ejemplo de *start-up* que progresa gracias al *bootstrapping*.

Lo que quiero que entiendas es que no hace falta pasar cuarenta años vagando por un desierto de insolvencia, alimentándote exclusivamente de maná.

¿Qué te puede pasar si te crees esta mentira? Lo primero es que la financiación innecesaria puede acabar poniéndote en una situación muy incómoda, bajo una presión insufrible. Sobrevalorar una empresa emergente, como hemos visto, conduce a machacarla antes de saber si su modelo de negocio es o no rentable; incluso si demuestra ser un buen negocio, pero más pequeño de lo esperado.

En segundo lugar, puede pasar que tu *start-up* puede dejar de ser tu *start-up*. Y uno no funda una empresa para que le despida un consejo de administración cuando su participación deja de valer la mitad más uno, aunque pase a veces. Recuerda la lista de *founders* que fueron despedidos, recuerda que Steve Jobs fue uno de ellos.

En tercer lugar, quizá te obsesiones con la financiación, y eso puede hacer que le des la espalda a un modelo de crecimiento sostenible, sensato, paciente, basado en aquello por lo que se construyen los negocios: la rentabilidad.

Sí, es cierto que hay veces que no se puede, que en ocasiones necesitas pagar nóminas, oficinas, servidores, satélites, flotas de coches, dispositivos para todos los usuarios, campañas de adquisición... Vale, vale: cuando no se puede no se puede.

Pero, cuando se puede, ¿por qué encadenarte a una zarza ardiente?

7

Lo importante era la piscina

El oráculo de Delfos

Como rey de los dioses, Zeus tenía cierta gracia. Se pasaba media existencia intentando seducir chiquillas disfrazado de cosas tan raras como bueyes o gotas de lluvia. Y el resto del tiempo, o bien estaba enfadado por motivos pueriles, o bien se entretenía con pasatiempos de lo más insólitos. Un día debía estar realmente aburrido, porque tomó dos águilas y las situó en ambos extremos del universo conocido (era poco). Entonces, las soltó al mismo tiempo (no se sabe muy bien cómo lo hizo) de forma que volaran la una hacia la otra. Las águilas se encontraron en un punto, como los trenes de los problemas de matemáticas de primaria. Zeus supuso que volaban a la misma velocidad constante, y que ni siquiera se desviaron un kilometrillo a visitar a la familia o a hacer caca, porque decidió que ese lugar donde tropezaron, ése y no otro, era el mismo centro del universo. El ombligo del mundo.

Y ese lugar fue Delfos. El punto donde se erigió un templo al dios Apolo y se instituyó la sede de un oráculo que estuvo en funcionamiento durante más de mil años.

En el templo había una pitonisa que, según parece, adivinaba el futuro. Esto quiere decir que la pobre mujer inhalaba gases volcánicos que salían por una grieta y se ponía a decir sandeces, en mitad de un colocón propio de estudiante de Erasmus. También había un señor que apuntaba lo que decía la pitonisa y lo interpretaba. El secreto de su éxito era, cómo no, la poca concreción de las predicciones que hacía. Al rey Creso, de Lidia, quien fue a preguntar sobre sus posibilidades de vencer a Ciro de Persia, le dijo que si cruzaba el río Halis haría caer un imperio. Y, ni corto ni perezoso, allí que se fue Creso. Y el sartenazo que le dio Ciro se saldó, efectivamente, con la caída de un imperio: el de Lidia. A los espartanos les dijo que una nave de madera les traería la derrota contra Atenas en la guerra del Peloponeso. Pero ¿de qué iba a ser entonces una nave si no era de madera? Así que el general Brásidas ordenó hacer frente a los atenienses lejos de la costa. Luego, resultó que los espartanos quedaron atrapados porque a sus enemigos se les ocurrió levantar una fortaleza de madera en la isla de Esfacteria, donde se encontraban. Los arrasaron. Y me imagino a la pitonisa y su sacerdote diciendo: «Bueno, oye..., nave, fortaleza, yo qué sé, es casi lo mismo, ¿no?». Cabe precisar que la palabra griega para nave es *nous*, y para fortaleza es *akra*. Vaya, que ni se parecen. Pero ahí siguió el oráculo funcionando varios siglos más, pronunciando ante reyes y campesinos las palabras que querían escuchar.

A mí, esto del oráculo de Delfos me recuerda mucho a Silicon Valley. Primero, por creerse el centro del universo; segundo, por su habilidad para decirle a la gente lo que quiere escuchar; tercero, por afrontar sus muchos errores encogiéndose de hombros. Y, por último, por seguir hablando de sí mismo seleccionando única y exclusivamente los relatos que le son favorables. Una historia construida a base de sesgos: de sesgo de confirmación, de sesgo de superviviente, de sesgo de atribución, de sesgo de *cherry picking*.[10]

Pero hay otra cosa en que también se parecen Delfos y Silicon Valley. Y ésta es positiva. Se trata de que, vaya, de vez en cuando aciertan. ¿Cómo no van a acertar?

Se podría escribir un libro completo que recogiera todas las veces que la industria *tech* ha reformulado el paradigma. De historia clásica sé bastante menos; pero quiero escoger una conoci-

10. Sesgo de elegir aquellos ejemplos que son favorables a tu argumentación.

da cita, que parece que tenía un lugar predominante en el templo de Apolo, como una de las más acertadas de la historia: «Gnóthi seautón» («Conócete a ti mismo»).

Hasta ahora, en este libro, hemos sido fieles a lo que promete el título: descubrir las cinco mentiras más importantes que te cuenta Silicon Valley, y los efectos que éstas pueden tener cuando te las tragas. Pero quienes me conocen saben que no puedo limitarme a dejar este texto tal y como está.

Porque no soy un aguafiestas.

Años después de mi caída con 89Bits, ahora soy más calvo, más viejo y, sí, también más sabio. Aquel fracaso no me golpeó con tanta fuerza como para dejarme fuera de combate. Y (esto es bastante difícil de explicar) tampoco me quitó las ganas. Insisto en que no juzgaría a nadie que, habiendo pasado por lo mismo que yo, dijera: «No voy a intentarlo más; ha sido suficiente». No consideraría a esta persona una perdedora, de la misma forma que no me considero a mí mismo un triunfador por haberlo vuelto a intentar. Lo único que nos diferencia a ambos es que a mí me ha apetecido probar otra vez, en lugar de sacarme una oposición, montar un hotel rural o seguir en mi empresa hasta jubilarme (cualquiera de estas tres opciones, ajenas al emprendimiento tecnológico, me parecen un supremo éxito vital).

Eso sí, no podía intentarlo de la misma forma.

Recuerdo que en mis mayores momentos de frustración, recurrí a desahogarme ante mi padre. Le dije: «Si yo, que soy ingeniero de telecomunicaciones, que tengo un MBA (en la que *Financial Times* dice que es una de las mejores escuelas del mundo), que llevo más de una década trabajando para la corporación tecnológica más importante de España, no soy capaz de emprender para aportar algo de valor para la sociedad, ¿quién puede? ¿Quién está preparado para esto mejor que yo?». Esas palabras, que pronuncié como queja desesperada, se convirtieron en un bálsamo inmediato. Pero no por lo que estás pensando.

Que yo tuviera un perfil idóneo para el emprendimiento tecnológico no fue lo que me hizo regresar a la cancha. Fue eso otro que digo ahí: «... aportar algo de valor para la sociedad». Con eso me di cuenta de que había estado planteando mal mi meta todo el rato. De que mi idea de éxito (aquello de tocar el cielo) estaba bastante desajustada. Si mi perfil era idóneo para el emprendimiento se debía, sobre todo, a que lo disfrutaba. Y disfrutar esto es muy distinto a levantar 3 millones de Y Combinator. Para disfrutar, basta con vivir de ello y con adquirir conciencia de que se está haciendo algo de valor. Esto es paz mental.

Ya había aprendido algo de mí mismo. Lo que yo quería no era lo que Silicon Valley te dice que tienes que querer. Ahora tenía que profundizar en el autoconocimiento para saber cómo sacar adelante un nuevo proyecto, partiendo absolutamente de cero, y con unos parámetros totalmente distintos. Es decir, no se trataba de ser un nuevo superviviente para poder hablar desde la suficiencia de quien ha tocado el fondo y ahora viaja directo a la cumbre. Se trataba de quedarse en el fondo, o a pocos metros del fondo, y encontrar ahí un hábitat natural.

Así surgió MultiVersial. Desde una estrategia consistente en contradecir cada una de las cinco mentiras de Silicon Valley de las que te he hablado hasta aquí. Y ahora te cuento cómo lo hice, para que veas que así sí se puede.

No debes enamorarte de una idea, pero sí de un problema

Enamorarte de una idea es como enamorarte de Amanda Peterson porque has visto *No puedes comprar mi amor*, filme de 1987 dirigido por Steve Rash (sí, ya sé que es una referencia un poco rebuscada, pero es *mi* referencia). En tu mente visualizas una persona rebosante de popularidad, vitalismo, glamur, atractivo... Pero si la llegas a conocer en la vida real, es muy posible que te hubiera hecho perder la cordura. Amanda Peterson falleció en 2015 con el cuerpo atiborrado de drogas, y con ella se extinguió una de las fantasías de mi adolescencia.

Con el cierre de 89Bits también se extinguieron fantasías de mi juventud, tal y como te he contado: la fantasía de que una idea arrolladora puede con todo, y de que yo era capaz de producir ideas arrolladoras (tal y como Amanda Peterson era capaz de irradiar glamur en *No puedes comprar mi amor*); la idea de que la nostalgia nos iba a llevar a vender miles de copias de un juego sobre Perico Delgado, o de que la premisa rupturista del primer mánager en directo iba a triunfar con Pitlane Manager o As Match Day La Liga. Esas ideas brillaban en mi imaginación tan deseables como tener una cita con Amanda Peterson a mis catorce años. Luego demostraron una serie de inconvenientes que nunca me había parado a pensar. Pero, como estaba tan enamorado de ellas, no supe percibirlos hasta que era demasiado tarde y ya había traspasado el punto de no retorno.

Las ideas son como los personajes. Su propio nombre lo indica: una idealización.

Sin embargo, los problemas... Mira, los problemas son como las personas reales, que se cuelan en la pescadería, dicen cosas sin pensar y se tiran pedos. Cuando te enamoras de un problema, sabes de qué te enamoras. En este contexto, me refiero a un problema como una necesidad que, sabiéndolo o no, afecta a muchas personas.

Airbnb no se enamoró de una página web de pisos turísticos, se enamoró de la necesidad de conseguir alojamiento económico y sin las cortapisas de un hotel. Google no se enamoró de un buscador, se enamoró de la necesidad de ordenar toda la información que se estaba almacenando en internet y ofrecérsela al usuario de la forma más útil posible. YouTube no se enamoró de una plataforma de *streaming*, sino de la necesidad de compartir archivos de vídeo de gran peso y visualizarlos sin descarga.

Darme cuenta de esto fue como cuando James Bond utiliza un *gadget* de los que le presta Q para escapar de una muerte segura. Cuando, tras todos mis fracasos, me planteé si debía intentarlo otra vez o no, me dije: «En caso de hacerlo, tendrá que ser desde una nueva perspectiva; ahora buscaré problemas que yo tenga capacidad de resolver, y no ideas». Y así llegué hasta MultiVersial. A base de preguntarme cosas. A base de conocerme a mí mismo. Lo cual es un punto de vista bastante socrático, si me permitís la pedantería.

¿Y qué es MultiVersial? Hay dos formas de responder a esta pregunta. La primera responde a qué es MultiVersial hoy por hoy: una newsletter diaria en la que recojo e interpreto lo más importante de la actualidad tecnológica, y que refuerzo con un portal y con contenidos adicionales para redes sociales (LinkedIn, YouTube, X).

Pero si te quedas con esta definición sólo estás entendiendo la definición provisional de MultiVersial, porque lo que es MultiVersial va a cambiar: todo cambia, todo se adapta al ritmo de la iteración. Por eso prefiero la segunda forma de contestar a esta pregunta. MultiVersial es la respuesta a la necesidad no satisfecha de contenidos en castellano bien escogidos, bien escritos y bien interpretados sobre negocios digitales. Mi cerebro dijo que para eso ya estaba Xataka, y yo le respondí (obviamente, me respondí a mí mismo) que se podía elaborar un contenido algo más avanzado y más especializado en el ámbito de negocios, que también satisficiera a expertos y profesionales del emprendimiento digital. Mi cerebro dijo que esas personas ya leían en inglés, y yo le respondí que justo esos perfiles no tenían mucho tiempo para andar buceando en contenidos a lo largo y ancho de la web y que agradecerían que les «masticase» lo más importante, de modo que se lo tradujese a un idioma más fácil de leer. Mi cerebro preguntó si yo estaba seguro de que ese tipo de publicaciones no existía ya; yo le respondí que no sólo no existía en castellano, sino que, además, tampoco veía mucho así en otros idiomas.

Mi cerebro podía haber tenido razón, pero sus preguntas no hicieron otra cosa que afianzarme en la convicción de que había hallado una necesidad cuya resolución agradecería el usuario. ¿Quién se equivocaba, quién acertaba? Cinco años después, MultiVersial es número dos en la plataforma Substack de newsletter en la sección de negocios de habla no inglesa; y número 32 en la sección de negocios global. MultiVersial llega a 49.000 suscriptores con una tasa de apertura del 40 %. Y me aporta una facturación anual mayor que si fuera director de Telefónica, mi otra carrera profesional.

Vale, si comparas esto con las cifras de los unicornios que cambian de manos en Silicon Valley, parece algo ridículo. Pero ¿por qué tenemos que compararnos con esas empresas? ¿Por qué no nos comparamos con todas las que han intentado luchar en esa liga y han desaparecido, o con las que se mantienen como zombis esperando que alguien les dé la puntilla? ¿Por qué no nos comparamos con los *founders* que han perdido la casa o que han hecho perder sus ahorros a amigos y familiares? Diré por qué: porque esos casos, que son mayoritarios, son sistemáticamente borrados del relato de Silicon Valley. Silicon Valley necesita sus unicornios para sobrevivir, y necesita hacerte picar el anzuelo.

MultiVersial es un negocio de una sola persona (de momento) que puede dar de comer a una familia. Y que, posiblemente, dentro de unos años pueda dar de comer a más de una. Bien, igual nunca serán cien familias, pero, posiblemente, nunca serán ninguna familia. ¿Alguien tiene las narices de decir que esto no es un éxito?

Pues este éxito no se lo debo a una idea, sino a una continua reflexión y a una evolución sin descanso, al haber hallado en mí la posibilidad de resolver una necesidad que de momento estaba insatisfecha, y que sólo yo puedo resolver a mi manera intransferible (igual que los creadores de *El Mundo Today* que no tenían miedo a que les copiasen). Desde ese punto de partida, MultiVersial se consolidó gracias a la iteración. En primer lugar, fue una página web; luego, la web convivió con la newsletter y con la presencia en redes sociales; después, y por sorpresa para mí, descubrí que la newsletter demostraba más tracción que cualquiera de los demás formatos. Así que dejé la web como repositorio y abandoné muchos perfiles. Me centré en mejorar la newsletter. ¿Mejor un solo artículo extenso al día? ¿Mejor varios artículos más breves? ¿Mejor una especie de *clipping* con comentarios? Y algo igual de importante: ¿cómo se monetizaba todo eso? ¿De dónde salía la pasta? El trabajo diario y el perfeccionamiento de hormiguita fue dándome respuestas a esas preguntas hasta llegar donde MultiVersial está ahora. E incluso he convertido la iteración en un método.

Para que entiendas hasta qué punto me tomo esto en serio, lo expongo en el gráfico 7.1. Es un esquema de embudo al que someto cada una de las nuevas ideas que incorporo a MultiVersial. El primer filtro es la pregunta de si dicha innovación me va a ayudar a conseguir más suscriptores. El segundo filtro es si va a ayudarme a fidelizar o me va a generar autoridad. El tercer filtro es si va ayudarme a vender. Y estos tres filtros los pongo en relación con el coste, es decir, con la carga mental y de trabajo que me va a suponer.

Gráfico 7.1. Esquema para tomar decisiones

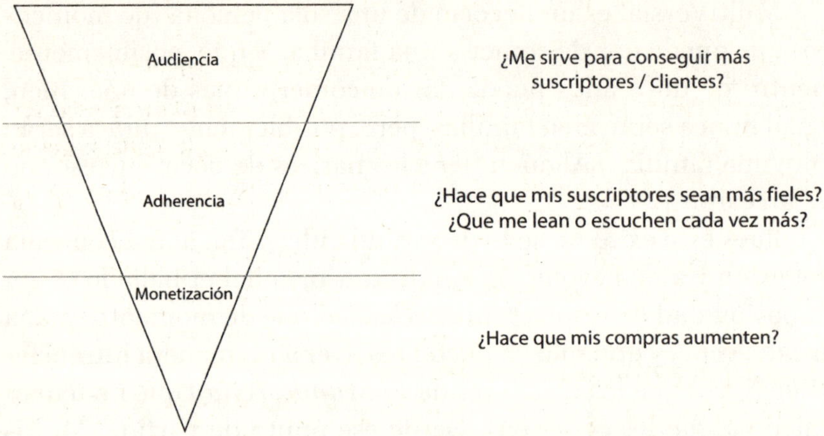

Hay personas que me han sugerido mil veces que haga un pódcast. Y me gustaría, porque me encanta oírme hablar. Sin embargo, hoy por hoy, un pódcast no me supondría un gran aumento del número de seguidores ni una forma nueva de monetizar. Quizá sí ayudaría a mejorar la fidelización o la marca personal; pero, a cambio, la carga de trabajo que supondría sería inviable. En este momento, he tenido que abandonar un recurso que sí me estaba dando resultados, los vídeos en YouTube, porque no tengo tiempo para realizarlos. ¿Me ha dado pena abandonarlos? Sí. ¿Lo veo como un fracaso o una pérdida de oportunidad? Ni de coña, porque la decisión obedece a un frío cálculo: esto se trata de sacar un negocio adelante, no de salvar ballenas. Hay que pensar en el verdadero valor que las cosas tienen para uno. Y debemos continuar haciéndonos preguntas..., conociéndonos a nosotros mismos.

Y la buena noticia es que esto no es algo que dependa de mi brillantez ni de mi cualidad de individuo único en el mundo. Todos podemos hacernos preguntas así. Todos podemos cuestionar qué problemas estamos preparados para resolver. Tú te centras en una necesidad y piensas diez soluciones. De esas diez, hay ocho que no funcionan, otra que así así, y otra que tiene sentido. Entonces, tú exploras un poco más esas últimas dos soluciones; pero, al hacerlo, aparecen veinte soluciones más. Y ése es el camino: ir explorando senderos, unos se cierran, otros se bifurcan, y los vas a recorrer todos a la vez.

Y lo harás con gusto. Porque no te has enamorado de una idea. Te has enamorado de un problema para el cual hay un sinfín de ideas que pueden ser útiles. Y tú las vas a estudiar todas. Y vas a establecer el coste que estás dispuesto a pagar para seguir estudiándolas.

No puedes confiar en que el éxito llegue de repente, pero te puedes comprometer

El 27 de noviembre de 2023, publiqué el siguiente post en LinkedIn:

> MULTIVERSIAL: N.º 31 GLOBAL Y N.º 2 DE HABLA NO INGLESA EN *SUBSTACK* DE NEGOCIOS
>
> Esto es gracias a ti. Y la Pelusa Chusa puede explicar el motivo del éxito.
>
> La Pelusa Chusa vivía con su mamá debajo de la cama de una niña. Pero ansiaba ver otras cosas. Un día salió a dar un paseo por la habitación, y todo se complicó.
>
> La Pelusa Chusa fue recorriendo el mundo, centímetro a centímetro... Y vivió grandes experiencias.
>
> Cuando tocó regresar con su mamá bajo la cama, ésta no la reconocía. A base de rodar, había ido aumentando en tamaño poquito a poquito, hasta hacerse grande. ¡Y no se había dado cuenta hasta ese momento!
>
> *La Pelusa Chusa* es un cuento infantil de Raúl Orejas y WearBeard que le he leído a mis hijas hasta la saciedad.
>
> Y ahora yo me siento muy Pelusa Chusa.

> Cuando inicié mi newsletter de MultiVersial, escogí el compromiso de escribir todos los días. Esto me habían enseñado: «Agacha la cabeza y limítate a trabajar, y no la levantes hasta que pase una buena temporada».
>
> Pues bien, hoy he levantado la cabeza y me he encontrado esta gigantesca recompensa: ¡MultiVersial, en la clasificación de Substack, es ¡la 2.ª newsletter en lengua no inglesa sobre negocios, y la 31.ª a nivel global!
>
> Ahora miro la pelusa que he hecho crecer, y casi no la reconozco.
>
> ¡Muchas gracias por vuestra ayuda en esta aventura! ¡Seguiré dándolo todo!

Como ves, la moraleja del cuento de *La Pelusa Chusa* es que no deberías contar con nada parecido a aquel *overnight success* que explicamos en la segunda mentira (el capítulo 3). Como te contaba entonces, si confiabas ciegamente en que un gran éxito iba a aparecer de la noche a la mañana, motivado por el poder de una idea irresistible, corrías riesgos muy serios: el apostarlo todo a un solo número de la ruleta, sin importar cuánto te endeudases, a cuántos parientes y amigos involucrases y cuántas cosas descuidases. Confiar en el éxito repentino es olvidar que Tarzán nunca suelta una liana sin agarrarse antes a otra.

Por el contrario, el crecimiento de la Pelusa Chusa, que es el que yo he experimentado en MultiVersial durante los últimos cinco años, sólo atiende a una apuesta: el compromiso. Y para comprometerte, tienes que volver a esa premisa del oráculo de Delfos: conócete a ti mismo.

Porque la dimensión de ese compromiso no puede venir de un momento de exaltación, sino de la autoconciencia. Se reduce a esto: primero, ¿dónde crees que puedes invertir tu tiempo de forma más placentera? Es decir, qué te gusta hacer: cuando estás en tu sitio, todo es mucho más fácil. En segundo lugar, ¿cuánto trabajo puedes dedicarle a tu idea de empresa al día? Pero no cualquier día. ¿Cuánto puedes dedicarle el día que estés más cansado y te encuentres menos motivado? Vale. Pues ésas son las horas que sientan la base de tu compromiso. A partir de ese cálculo, te será posible hacer otros cálculos, marcar plazos, predecir retornos...

No todo el mundo puede dedicar las mismas horas, y nadie debe sentirse culpable por comprometerse menos que otro. Una persona podrá tener hijos y un trabajo a jornada completa, por lo que quizá sólo disponga de una hora al amanecer. Mientras que otra persona podrá estar soltera y cobrará una renta por unas inversiones heredadas, lo que le dará libertad total para dedicarse a su *start-up* a tiempo completo. El único pecado aquí es mentirse a uno mismo. Si te equivocas y ves que te has puesto el listón del compromiso demasiado alto, debes corregirlo cuanto antes.

Una hora de trabajo al día parece muy poco. Pero una hora durante 365 días equivalen a 45 jornadas de ocho horas. Más de dos meses laborables (si trabajas 22 días al mes). En dos meses se puede avanzar mucho con un proyecto. Pero hay algo más valioso aún: cuando adoptas el modelo de *bootstrapping*, es habitual que la expansión del tiempo juegue a tu favor. Si yo hubiese intentado construir MultiVersial en seis meses, trabajando a jornada completa, el resultado no habría sido equivalente al que he logrado en cuatro años. El producto no habría evolucionado de forma orgánica, basándome en la iteración, en el *feedback*, en el boca a boca..., sino que habría tenido que estar «dopado» por una inversión inicial, lo cual habría forzado el resultado, y no me habría permitido vivir el mismo proceso de aprendizaje. A veces, no tener que captar a un millón de usuarios en un día es una ventaja. Cuando los captas poco a poco, puedes ir refinando el producto, asimilando el aprendizaje y adaptándote al éxito. Esto tiene otra consecuencia: que una gran mayoría de los usuarios te conoce cuando el producto ya está muy evolucionado y testado. No quiero pensar qué sería de MultiVersial si mis más de 49.000 suscriptores actuales hubieran accedido en la primera semana de difusión, cuando todavía ofrecía un producto muy inmaduro. Por último, recuerda aquello que explicábamos del crecimiento exponencial. Durante las primeras 57 casillas del tablero de ajedrez, el crecimiento era imperceptible. Sólo en las siete siguientes se volvía inconmensurable.

En mi caso, el compromiso con MultiVersial era fácil de medir y continuar, porque el modelo de negocio me marcaba *deadlines* todos los días. Cada fin de jornada me veía en la obligación de encontrar, interpretar, explicar y publicar las noticias clave del sector tecnológico. Pronto medí el tiempo que eso me llevaba, y fui optimizando los procesos. Pero la eficacia no hizo que pudiera dedicarle menos horas, al contrario, me motivó a dedicarle más. Todo ese proceso de ensayo y error me llevó a hacer vídeos de YouTube, textos específicos para redes, ¡y hasta este libro! Ahora, mirando atrás, el contenido generado me parece de un volumen y una calidad que nunca habría podido imaginar cuando empecé con una publicación diaria hace cinco años.

Y todo a base de agachar la cabeza. Un septiembre aposté por convertir la newsletter en el formato principal de MultiVersial; agaché la cabeza y me puse a escribirlas sin preguntarme siquiera si estaban funcionando; yo sólo escribía. En diciembre levanté la cabeza y observé resultados. El segundo año agaché la cabeza con mil suscriptores y el ánimo de ensayar algún modelito de negocio. Levanté la cabeza al final de año y encontré dos mil suscriptores y una facturación. Desde entonces, la dinámica ha sido ésa: asumir un nuevo compromiso (por ejemplo, probar mejoras en las newsletters, cambiar estructuras, elaborar nuevos gráficos para mostrar la evolución de las empresas que analizo...), agachar la cabeza, trabajar durante meses, levantar la cabeza, comprobar resultados, quedarme con lo que ha funcionado y quitar lo que no. Así he conseguido doblar mis suscriptores cada seis meses y una facturación con la que ya podría vivir una familia, sin grandes lujos (aunque todo lo reinvierto), y he logrado ser la 2.ª newsletter más leída en lengua no inglesa en la sección de negocios de Substack, y la 31.ª en global.

Yo no inventé esto. Los expertos en finanzas saben que cualquier inversión afronta un riesgo de pérdida. Pero hay una forma en que el riesgo se reduce casi a cero: cuando inviertes a largo plazo de forma constante. Es muy raro que una inversión inteligente no esté dando beneficios pasados diez años. Lo único que se le pide al inversor es paciencia: que no se fije en los altibajos de los valores, que no mire cuánto habría ganado o perdido si hubiera vendido o comprado tal o cual día. Se le pide tan sólo que preste atención a dos cosas: el valor cuando invirtió y el valor cuando amortizó.

El compromiso para sacar adelante tu idea funciona de manera similar. Ya sé que tendrás miedo de estar perdiendo el tiempo al intentar algo y no ver resultados a corto plazo. Por eso necesitas de fortaleza de espíritu y paciencia, como en una carrera de fondo. Una vez que te quitas de en medio esos riesgos temerarios que habrías asumido si creyeras en el *overnight success*, sólo te queda construir ladrillo a ladrillo y pararte a contemplar la altura que gana la pared muy de vez en cuando.

El límite no es el cielo, pero está bastante alto, si lo piensas bien

¿Qué es para ti el éxito? Esta pregunta clave debería ocupar un espacio privilegiado en un manual que se intitulara «Conócete a ti mismo». Y la respuesta no resulta tan inmediata. Es algo que se aprende, a veces también con esfuerzo y sangre.

Como te conté, tras morder el polvo yo me preguntaba en voz alta: «Si alguien con mi formación y mi experiencia no puede aportar algo nuevo, ¿quién puede?». Y, ojo, porque, en esa pregunta, resulta que había una respuesta. Claro que yo podía aportar algo nuevo. El problema era que, hasta ese momento, mi idea de éxito no radicaba ahí, en aportar algo nuevo. Tuve que darme la bofetada para entender lo que yo tenía por éxito.

Porque cuando cerré 89Bits, mi lastimera pregunta no era: «Si alguien con mi formación y experiencia no puede ganar un carro de pasta, ¿quién puede?». Tampoco era: «Si alguien con mi formación y experiencia no puede sentarse a cenar con Sudar Pichai, ¿quién puede?». Ni tampoco era: «Si alguien con mi formación y experiencia no puede pasar a la historia, ¿quién puede?».

No. Lo que en realidad me laceraba era no lograr aportar algo nuevo, de valor, a la sociedad. Por supuesto que para hacerlo tienes que montar un negocio sostenible en el tiempo y con cierta ambición de crecimiento, pero estas cosas yo ahora las veo como síntomas de que, efectivamente, lo que estoy haciendo tiene un valor para la sociedad.

Así que, si entendemos por éxito el querer crear valor para quien lo necesite en nuestra comunidad, el hecho de que MultiVersial vaya bien en crecimiento y facturación es una prueba de que lo estoy consiguiendo. Como diría Don Cable, profesor de la London Business School, estoy siguiendo mis ampollas, no mi pasión. Porque no crezco ni facturo de otra forma que no sea creando un valor muy concreto, el conocimiento, para aquellas personas dispuestas a adquirirlo.

Y en cuanto a la prueba de la calidad de este conocimiento, dispongo de páginas y páginas de *feedback* (ventajas de haber creado un medio de comunicación en una época en que la comunicación es bilateral). Por ejemplo, he aquí alguno de los comentarios que los usuarios me dejaron en el post de LinkedIn que he reproducido en el epígrafe anterior:

> «¡Enhorabuena, Carlos Molina del Río, pero no me sorprende, es lo primero que leo cada mañana!»
>
> «¡Felicidades, Carlos Molina del Río! ¡Merecido reconocimiento y gran trabajo de síntesis que nos haces cada día, para comprender mejor el ecosistema digital actual!»
>
> «¡Enhorabuena, Carlos! Mucho mérito, e impresiona comprobar cómo ha evolucionado el proyecto. A seguir sumando y que nos lo sigas contando por aquí.»
>
> «¡Enhorabuena! Más que merecido ese puesto por la calidad de lo que haces.»
>
> «Es simplemente impresionante la que has montado. La pelusa creció pero tú te has convertido en un gigante. Esperamos verte por Universitas pronto, impartiendo de nuevo.»

Alguno de mis usuarios ha llegado a decirme: «Estamos aprendiendo a paladas». Y esas paladas son las que me llenan de orgullo y dan sentido a lo que hago. Entonces, ese cielo que teníamos que tocar, se invierte: yo ya no necesito crear valor para tener mucho éxito, necesito un poco de éxito para poder seguir creando valor. Porque es lo que quiero, lo que llena.

El público no acudirá a tu producto, pero puedes salir tú a buscarlo

Si no te gusta la distribución, la adquisición, la venta, el marketing, mala suerte: vas a tener que hacerlo de todas formas. Como te conté cuando hablábamos de la cuarta mentira, la adquisición es fundamental para sacar tu negocio adelante. Es tan fundamental que no puedes delegarlo en otro, al menos hasta cierto punto. Naval Ravikant, presidente de AngelList, dice que, si sabes construir y sabes vender, eres imparable. Pero, añado yo, también eres algo excepcional porque, normalmente, la gente que sabe y disfruta con el diseño de producto no tiene ni idea de distribución y adquisición, mientras que los que se dedican a la distribución y adquisición suelen ignorar totalmente los procesos de diseño de producto. Por eso, no te queda más remedio que remangarte y aprender. Puedes delegar la distribución en un tercero las primeras veinte veces. Pero a la veintiuna deberías de conocer el proceso con la suficiente profundidad como para liderarlo o, al menos, como para poder diagnosticar cuáles son los fallos y proponer soluciones eficaces. Incluso podría recomendarte lo contrario: primero, date de cabezazos con la adquisición, siempre y cuando el objetivo sea aprender; y, luego, contrata al experto, de modo que puedas evaluar mejor su trabajo.

En la serie *Cristóbal Balenciaga* conocí un ejemplo muy representativo. El modisto delega en un hombre de confianza la confección de un vestido de novia de una princesa. Este hombre de confianza no está satisfecho con el resultado del pespunte de la falda. Las costureras le explican que ese género no permite una mayor precisión a la hora de coser el pespunte. Aun así, el delegado se lo obliga a repetir tres veces. Cuando Balenciaga evalúa el modelo, su mano derecha le pide disculpas por no haberlo podido hacer mejor. El modisto responde: «Cómo se nota que no eres costurero, es imposible hacerlo mejor». Y ésa es la diferencia entre dominar el oficio de una forma que te permita bajar al barro y evaluar.

No puedes confiar, como a mí me ocurrió, en que el público acuda a tu producto guiado por la nostalgia; ni siquiera puedes confiar en que un socio mediático como los que yo tenía (Movistar o el diario *As*) sea capaz de incrementar tus usuarios y tus ventas en un porcentaje notorio. Lo siento: eres tú quien debe lidiar con ese Miura. Cuando mis productos no funcionaban, ignoraba el porqué. Tan sólo miraba mis métricas y veía que la tasa de permanencia de As Match Day La Liga era un éxito. El problema no era que el producto no gustase, era que no llegaba a suficientes usuarios.

Puedes tomar como ejemplo a la gente de Hawkers. Una marca de gafas de Portugal los contrató para llevarles el marketing y la distribución. Pronto se dieron cuenta de que el producto no iba por donde ellos querían. ¿Rompieron relaciones y buscaron otro cliente? No. Empezaron a fabricar ellos mismos sus propios productos. Supongo que tuvieron que aprender a toda pastilla, pero el resultado no fue nada mal.

En mi caso, escarmentado por los pobres resultados, decidí que, en MultiVersial, la distribución y adquisición debían tener un papel protagonista. Pero fíjate cómo había cambiado mi forma de pensar. A fin de cuentas, MultiVersial es un medio de comunicación. En otro período de mi vida, habría decidido que, en MultiVersial, el marketing sería el propio producto; que yo haría unos contenidos tan interesantes que el producto crecería de forma orgánica, impulsado por el boca a boca y favorecido por unos inextricables algoritmos; y que incluso, cómo no, se viralizaría. Hoy he aprendido mucho, e invierto dinero y tiempo en adquisición sin dudarlo.

En cuanto a mi tiempo, no sólo se trata del empleado en lo que he tenido que aprender. Si vuelves a mirar la pirámide invertida que muestra el gráfico 7.1 (véase la p. 176), puedes darte cuenta de que la adquisición de usuarios representa más de un tercio de las iniciativas que pongo en práctica. En realidad, si lo traduzco a horas trabajadas, ocupa más: un 50 %. Desde el primer momento supe que era lo que más esfuerzo me iba a costar, lo más farragoso, donde más errores iba a cometer... Probé con una web, probé a llevar esa web a Menéame (y conseguí portadas varias veces, pero el tráfico llegaba a la web y no volvía), probé todas y cada una de las redes sociales... Antes te hablaba de mis vídeos de YouTube, que he tenido que abandonar. En realidad, no los considero un producto, porque no los monetizo; pero funcionan como un canal para adquisición de usuarios. Así que los grababa en tanto en cuanto me generaban más usuarios para las newsletters, que es donde encuentro un retorno: eso sí es un producto. Por eso no me apena tanto no poder ocuparme de grabar más clips para YouTube, porque tenían una función muy concreta y, al final, no valían tanto la pena.

En fin, he probado un montón de cosas. No te miento si te digo que he llegado a probar unos cincuenta canales de distribución distintos, de los cuales (si dejo al margen otras newsletters o comunidades parecidas a MultiVersial) me he quedado, de momento, sólo con tres recurrentes: LinkedIn, Facebook e Instagram; los cuales cambiaré cuando dejen de funcionar. Para LinkedIn hago contenido específico, y en los otros dos pago por replicar contenido.

Y también invierto, cómo no. Y en esto he sido muy claro desde el principio. Mis cálculos son sencillos: divido el dinero que facturo entre el incremento de usuarios y me sale un coste por adquisición. Con esta simple fórmula he averiguado que me puedo permitir un coste por adquisición de tres euros por cada usuario. Es decir, si invierto novecientos euros en Instagram y, gracias a ello, consigo trescientos usuarios más, estoy en beneficio.

Por supuesto, voy ensayando acciones tácticas con distinto resultado: iniciativas por Black Friday (nunca bajar el precio), *bundles*, premios por fidelidad, sorteos por traer amigos, etcétera. Te puede sonar a mercachifle, pero, oye, ¿sabes qué? Funciona. Son métodos que tienen más años que la tos, y si se siguen haciendo es porque siempre han funcionado.

En otra época, en la época ptolemaica de 89Bits, habría pensado que todos estos trucos contaminaban la pureza de mi misión empresarial. Que mis grandes ideas merecían la atención plena del usuario sin necesidad de «comprarlo» con cebos y premios. Ahora lo veo al revés. Creo que mi producto es tan bueno que merece audiencia, cuanta más mejor; y no me importa qué métodos (mientras sean éticos y decentes) emplear para conseguirla.

Y así de sinceramente te lo cuento en LinkedIn. Observa, por ejemplo, mi publicación del día 30 de octubre de 2023:

> ¡ESTE JUEVES REGALO UN VIAJE A LAS MALDIVAS ENTRE MIS LECTORES!
>
> Puedes pensar que estoy loco, o puedes leer esto para entender por qué lo hago.
>
> Una de las mentiras que nos ha contado Silicon Valley es que, si creas un producto lo suficientemente interesante, el público va a acudir a él por sí mismo.
>
> Lo cierto es que, por interesante que sea tu producto, siempre tienes que reservar una buena partida para adquisición (llámalo marketing, ventas o como quieras). Y esto lo sé por experiencia.
>
> Aunque MultiVersial va como un tiro, todo lo que he aprendido indica que tengo que seguir invirtiendo en adquisición, y aquí es donde ENTRAS TÚ.
>
> No hay mejor prescriptor de un producto que un usuario fiel. En mi caso, el suscriptor a mi newsletter.
>
> Eso que persiguen los algoritmos, hacer recomendaciones cada vez más precisas, es algo que los usuarios hacen desde que el mundo es mundo: recomendar cosas como MultiVersial a personas que de verdad lo van a apreciar.
>
> Así que, antes que invertir dinero en Meta o en Google, prefiero invertirlo en mi base de usuarios. Ya he sorteado Airpods, una XBox, un MacBook...
>
> Y cuanto más grande sea la base, más sentido tiene. En conclusión: regalar un viaje a Maldivas es un *win win*.
>
> Ahora que ya entiendes por qué lo hago, aprovéchalo. Suscríbete a mi newsletter y encuentra en la página web de MultiVersial las bases para participar en el concurso.
>
> ¡Nos vemos en el paraíso!

Ya lo ves. Ningún complejo con esto. La concepción ptolemaica por la cual el mundo gira en torno a tu producto es de otra era. No puedes confiar en que el público vendrá a consumir tus ideas, como un animal salvaje macho acude al olor de las feromonas femeninas desde kilómetros de distancia. Pero si te adaptas al giro copernicano y tú haces cosas para llegar a tu público, a pesar del esfuerzo inicial, funcionará.

Necesitarás ser rentable, pero ¿qué tiene de malo ser rentable?

¿Una *start-up* es una *start-up* si no se financia con *venture capital* (VC)? Pues sí. ¿Y si no necesita crecer de manera exponencial para adquirir beneficios, es una *start-up*? También. ¿Y si no crece de forma exponencial ni genera efecto de red ni economía de escala? Bueno, entonces, cada vez se va pareciendo menos a una *start-up*, y más a un negocio normal y corriente. Pero ¿qué tiene esto de malo?

Vaya, has montado un modelo de negocio que funciona, que permite pagar nóminas y que genera beneficios. ¡Pero no se parece a lo que debería ser una *start-up*! ¿No te da vergüenza?

Yo he conocido el verdadero valor, el valor crudo, de una inversión. Lo supe a las claras..., cuando me la quitaron. ¿Recuerdas aquel juego que tanto interesaba a la NBA? Tan sólo pedían 50.000 euros para pagar derechos. En el último momento, el *business angel* que se había comprometido a invertir en 89Bits para ese proyecto desapareció. Me empezó a hacer *ghosting*. Y yo me quedé con un capital muy justo para poder sacarlo todo adelante. En otro momento de mi vida, me habría lanzado a la piscina (como hicieron los de Airbnb). Pero, en ese momento, no lo hice. Ya estaba demasiado cansado y había visto demasiado. ¿Qué producto iba yo a desarrollar con 15.000 euros? ¿Qué nóminas de desarrolladores iba a poder pagar? ¿Iba yo a confiar en que 89Bits crecería de forma meteórica, gracias al acuerdo con la NBA? ¿Tanto como para conseguir más *venture capital* en un futuro cercano y poder cubrir los gastos de desarrollo del videojuego?

Recuerdo que, en los tiempos de 89Bits, Silvia, mi mujer, siempre me preguntaba: «Pero ¿qué vas a hacer con el dinero de una ronda?». Y yo la miraba como si no entendiera que el *venture capital* es así. Nunca tuve la claridad de ideas para responderle: «Levanto dinero para la huida hacia delante... ¡A ver si así encuentro el modelo sostenible!». La realidad es que levantar pasta sirve para expandirte en algo que ya sabes que funciona. Porque los inversores quieren una caja en la que metes un euro y salen dos. Yo eso todavía no lo tenía.

Sólo tras el proceso de reflexión que afronté tras el cierre de 89Bits entendí el peso de esta pregunta: ¿cuánto dinero necesitas para empezar a facturar?

Así que, llegado el momento de echar a andar con MultiVersial, lo tuve claro. Mi nueva aventura tenía que crecer únicamente con *bootstrapping*, por imperativo propio, por mi propia salud mental. No podía permitirme el lujo de necesitar ninguna inversión para empezar a facturar, sino tan sólo mis horas y mi trabajo (que ya es bastante).

Y es que mi trabajo es mi único inversor. Me refiero a mi trabajo fijo, mi «otro» trabajo, como ingeniero en una gran teleco. Por esto insisto de nuevo en aquello de Tarzán: «No puedes soltar una liana antes de agarrar otra». Mis amigos, muy entusiasmados con mi propio entusiasmo, y al ver la calidad que alcanzaba MultiVersial en tan sólo unos meses de recorrido, me decían, ¿por qué no pides una excedencia y te dedicas a MultiVersial al cien por cien? Si hubiera hecho eso, paradójicamente, no habría sido capaz de crecer como he crecido. Porque necesitaba mi nómina fija para pagar las facturas de MultiVersial.

¿Que así no le podía dedicar tantas horas a mi *start-up*? Bueno, le podía dedicar las horas suficientes: ese compromiso, ladrillito a ladrillito, del que te he hablado anteriormente. No ha habido un solo día en que haya roto ese compromiso. Exceptuando en tiempo de vacaciones, mi newsletter ha llegado puntual a las bandejas de correo electrónico de miles de suscriptores. He enviado más de veinte millones de correos electrónicos en los últimos cuatro años. Además, el dedicarte a tu proyecto al cien por cien no siempre supone un plus. Decía Napoleón: «Si quieres que un trabajo se haga rápido, encomiéndaselo a quien veas más ocupado». El peligro de procrastinar cuando te ves perdido es mucho mayor cuando percibes que tienes todas las horas del día por delante. Y puedes caer en una espiral de desánimo.

Por el contrario, yo, al principio, cuando no dominaba los procesos de MultiVersial, le dedicaba unas pocas horas cada día. Seguro que estás pensando que, en el momento en que gané eficiencia, pude recortar el tiempo de dedicación. Pues, sí, se puede, pero no se hace. Porque cuando vas ganando eficiencia y mecanizando el trabajo, te sientes más cómodo con la tarea, te cansas menos haciéndola, la disfrutas más, y al final no te importa estar más tiempo. Imagina que tienes que recorrer cinco kilómetros en media hora, y que los primeros días sólo tienes una bici pinchada; te cuesta un montón de esfuerzo, llegas fulminado a la meta, y entonces tiras la bici en un rincón y no la miras hasta el día siguiente. Pero cuando aprendes a arreglarla y rueda a la perfección, los cinco kilómetros los recorres en quince minutos. Entonces te parece poco, porque has descubierto que montar en bici es un placer. Así que no sólo recorres diez kilómetros en media hora, sino que, además, estiras media horita más para recorrer otros diez... Todo fluye.

Éste es el placer del *bootstrapping*, cuando has sintonizado con tu propio trabajo. Cuando te lo pasas bien y te llevas pequeñas alegrías con relativa frecuencia, sin estar en deuda con nadie, ni pensando que sobre tus hombros pesan los 15.000 euros que te ha prestado tu cuñado. Insisto de nuevo en las palabras que el profesor Don Cable, profesor en la London Business School, escribió en la revista de negocios de Harvard: «Sigue tus ampollas; es la mejor manera de sentirte realizado». Las ampollas es lo que aparece después de un esfuerzo y una fricción constantes, como en las manos de los tenistas. Esta frase sobre las ampollas no sólo implica trabajo, sino perseverancia, ya que vuelves para practicar aunque a la primera no te salga bien.

Entiéndeme, con esto no estoy defendiendo que la única forma sana de hacer crecer una *start-up* sea el *bootstrapping*. Estoy diciendo que, para mí, tras el batacazo de 89Bits, sí que lo era. No me veía capaz de meterme en otro lío de rondas, inversores, responsabilidad, *ghosting*, riesgo, decepciones... Por eso, no es que te recomiende que te dediques al *bootstrapping* sin dudarlo; lo que te recomiendo es que te hagas otra pregunta socrática: ¿estoy preparado para afrontar los riesgos del *venture capital*?

Porque, si no lo estás, quizá es mejor pensar en otra idea que no lo necesite. Una que pueda darte facturación desde el minuto uno o que se deje llevar mediante *bootstrapping* hasta el momento de empezar a facturar. Una que te permita centrarte en lo importante: producto, distribución y monetización. Es decir, sin tener que estar pendiente del asfixiante lazo de la inversión que rodea mi cuello.

Si necesitas un poco de orientación para saber qué camino es mejor para tu idea, el gráfico 7.2 quizá te ayude; a mí me ayudó bastante. Este gráfico tiene dos ejes: la necesidad de dinero y el tamaño del mercado. Creo que puede aportarte pistas para avanzar con más seguridad.

Gráfico 7.2.

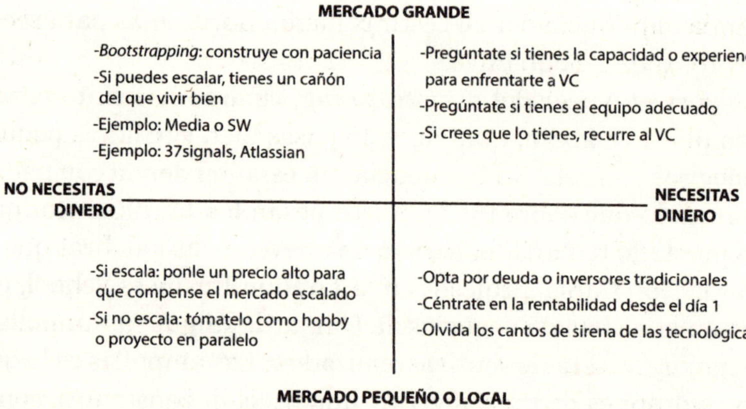

Lo que te quiero decir con este gráfico 7.2 es que, si tienes una oportunidad grande, pero necesitas mucho dinero (porque, por ejemplo, necesites servidores gigantescos para construir un modelo de inteligencia artificial), tendrás que recurrir al *venture capital* (VC). En este caso, conseguirás el VC no tanto en función de tu idea, sino de tu capacidad de demostrar que eres capaz de gestionar el proyecto: ¿tienes experiencia?, ¿tienes reputación?, ¿tienes un equipo top? Piensa en lo fácil que pareció salirles a los hermanos Collison, pero es que, claro, eran ellos: dos cerebritos que ya habían triunfado a lo grande con una *start-up* en Y Combinator y que habían recibido importantes reconocimientos antes incluso de cumplir veinte años.

Si la oportunidad es grande y no necesitas dinero, apuesta por el *bootstrapping* y ponte a construir con paciencia. Hacer escalar ese proyecto puede dar unos frutos increíbles, pero meterte en el VC quizá suponga un riesgo innecesario. Ya te he mencionado ejemplos, como el de Atlassian o el de Nordeus.

Si el mercado es pequeño o es local, y si no necesitas dinero, pueden pasar dos cosas. La primera es que tengas capacidad de crecer. Por ejemplo, hablemos de especialistas en algo muy concreto, como, por ejemplo: un asesor de software para granjas acuícolas o un programador de submarinos autónomos para la exploración de aguas muy profundas. No hay muchas granjas acuícolas ni muchas empresas que se dediquen a la exploración del océano profundo, pero quizá tus aportaciones podrían disparar la rentabilidad de éstas y convertirte en una pieza imprescindible para esos sectores. En ese caso, tendrás que subir mucho el precio de tu producto o servicio para compensar la estrechez del mercado.

La otra cosa que puede pasar es la opuesta: que tu oferta no pueda crecer. A pesar de que estés ofreciendo un producto o servicio diferencial para un mercado pequeño, no lo es en el grado suficiente como para que tus clientes estén dispuestos a pagarte un pastón. Entonces tendrás que resignarte a dedicarte a ello como un proyecto paralelo a tu trabajo cotidiano, un proyecto con el que completar tu sueldo o sufragarte algún capricho.

El último supuesto es que tu proyecto esté dirigido a un mercado pequeño y necesite dinero. Éste es el ejemplo más clásico: cualquier tienda de barrio, bar, quiosco, etcétera, entran en esta categoría. Aquí te aconsejo que recurras al crédito tradicional. Acude al banco y céntrate en la rentabilidad desde el primer día. Y olvídate de los cantos de sirena de Silicon Valley, que no intenten convencerte de que lo que haces no va a ser lo suficientemente disruptivo porque..., eh, míralos a ellos.

Lo bueno era la piscina

A lo largo de este libro he confesado cosas que tenía muy encerradas dentro de mí. Exponer en palabras toda la frustración que me supuso el período de 89Bits ha sido un buen bálsamo. Pero aún me ha resultado más satisfactorio el hacer un balance de todo lo aprendido con el fracaso y con la restauración tras el fracaso. Hasta que no lo he visto plasmado en estas páginas, no he sido consciente de que me he convertido en una persona mucho más reflexiva. El conocimiento y la experiencia me han dotado de cierta sabiduría. Esto suena muy arrogante, pero es así: la sabiduría es saber conectar la información que la experiencia y el conocimiento te han aportado y además interpretarla para aplicarla a tu vida con ética y con sentido de la prioridad.

Y, hablando de la prioridad, permíteme que regrese a ese mundo de las piscinas de Logroño, donde partíamos la pana con nuestros juegos de simulación y rol, con nuestros dados y tablas impresas en folios, nuestras fichas de personajes y nuestra imaginación. Me has oído presumir de que los demás niños se nos acercaban, querían unirse a nosotros, nos pedían nuestros juegos para llevárselos a casa, nos hacían consultas en las pistas de futbito... Éramos populares, éramos el centro de atención, éramos los reyes de la piscina.

Eso no importaba una mierda.

Lo importante era la piscina. Lo importante era estar ahí. Pasar las horas. O, más aún, convertir unas horas que podían haber sido un absoluto tedio, bajo la canícula riojana, y sin nada que hacer, en un tiempo aprovechado, en diversión, en disfrute, en amistad, en pura vida... Eso era aportar valor, valor desprovisto de cualquier otra intención, y era lógico que los demás niños se sintieran atraídos por ese centro de irradiación de buen rollo y diversión que eran nuestras toallas.

Uno piensa que nuestra actitud de la infancia puede durar para siempre, pero no es así. Enseguida, nuestros objetivos y preocupaciones «de adultos» se interponen para contaminar nuestras «inocentes piscinas»: la pasta, el éxito, la casa, el estatus profesional y social.

Te he aconsejado que no te fíes de las mentiras de Silicon Valley. Te he aconsejado que reformules tu concepción de la palabra *éxito*. Te he aconsejado que te conozcas a ti mismo antes de iniciar cualquier aventura, que entiendas tus fortalezas y aquellas cosas que te hacen sentir comodidad, para invertir en ellas tu tiempo. Lo último que voy a aconsejarte es que, si vas a ponerte en marcha con un proyecto de emprendimiento, intentes mantener esa actitud de cuando eras niño. Que disfrutes de ese esfuerzo como cuando hacías cosas épicas cuyo valor radicaba en matar el tedio (qué valor más importante). Es decir, que busques cómo disfrutar de la tarea de solucionar problemas. Que ése sea tu juego. Así te enamorarás de lo que realmente haces, y no de lo que te gustaría hacer.

Fíjate, esto se lo oí contar a Rafael Gozalo, uno de los fundadores de PowerMBA, junto con Borja Adanero, Hugo Arévalo y Kike Corral. Ellos ni siquiera sabían de qué problema enamorarse, y mucho menos de una idea. Pero tenían claro que querían dedicar su talento a resolver necesidades de la gente. Lo que tampoco tenían claro era si lo que entendían ellos por una necesidad era una verdadera necesidad; porque a lo mejor estaban forzando eso que entendían. Así que siguieron una estrategia bastante original. Apostaron por cuatro problemas. Y en cada uno de los cuatro invirtieron, no sé, quizá 500 dólares, nada más. Para cada problema inventaron el nombre de una empresa y construyeron una página web muy exigua en la que describían, de manera inconcreta, cuál era la idea con la que iban a resolver ese problema. La página web incluía un apartado para formalizar una suscripción de pago. Las difundieron con pequeñas campañas en redes sociales o Google Ads.

A los pocos días, tres de las cuatro páginas web permanecían vírgenes. Pero, en la cuarta, había cuatro suscriptores que habían pagado un dinero a cambio de un servicio que aún no existía. Hablamos de una página web que era capaz de prometer y cobrar, nada más. Así pudieron ver claramente a qué dedicarse: si, en estos pocos días, hubo cuatro suscriptores que se mostraron ávidos de lo que esa web ofrecía, ya sabían qué camino recorrer. Por supuesto, pensaron que tenían que explicarles a los clientes que habían sido víctimas de un test, devolverles el dinero... o construir un primer producto a toda prisa para obtener más *feedback*. Escogieron esto último, y el aprendizaje fue de un valor inestimable.

Porque les brindó una información que nunca se tiene: nunca se sabe dónde está la oportunidad. Ahora, muchos lectores de MultiVersial vienen a decirme que, claro, cómo no iba a ir bien, si es un producto redondo. Me gustaría que me hubieran visto hace cinco años, cuando también me rodeaba gente muy lista que me decía que mi propuesta no tenía ningún sentido. En aquel momento, yo no tenía ni idea de cómo iba a funcionar. Cuando iba migrando de una web a un blog y a una newsletter, cuando primero orientaba el contenido a gente de negocio y luego a gente *tech*, cuando primero soltaba un párrafo de mil palabras para después soltar tres de sólo cien y luego volver a uno de quinientas... En esa época no podía predecir cuánto iba a ser capaz de perfeccionar el producto. Ni se me había pasado por la cabeza que podría estar diseñando gráficos que, de un solo vistazo, te permitiesen entender la evolución de las principales empresas *tech* del mundo. Ni mucho menos que lo fueran a leer colectivos tan ajenos como los dentistas, cosa que, sí, te lo juro, me sucede.

Yo no sabía nada de eso, pero una cosa sí tenía clara: lo estaba disfrutando. Me sentía, una vez más, como aquel niño sentado en la toalla, rezando para que los dados me dieran un seis para vencer al dragón. Y lo hacía sin estar enamorado de una idea demasiado divina, sin preocuparme de si me iba a cubrir de gloria de la noche a la mañana, sin sobredimensionar mi concepción del éxito, sin importarme si los demás niños acudían a mí o no, sin la presión de tener que cumplir para un grupo de inversores a los que poco les habría importado... Tan sólo lo hacía disfrutando de poner mi talento a disposición de crear nuevos juegos con los que llenar las horas de diversión.

Porque lo peor de que Silicon Valley mienta tanto no es el batacazo que te puedes dar por creerte sus engaños (que también). Lo peor es que esos engaños te están ocultando un camino de emprendimiento igual de satisfactorio y mucho más placentero, plácido y realista. Un camino donde acabar ahogado en las aguas de un «mar del Norte» llamado mercado es menos probable.

Yo te animo a seguir ese camino. Y eso no significa que no te anime a seguir el otro, el que proponen los gurús del norte de California. Pero, en ese caso, mejor que lo hagas después de haber leído este libro. Para que no digas que nadie te lo advirtió. Para que sepas cuándo te están mintiendo. Porque te mentirán.

Toda esta conclusión proviene de un proceso de autoconocimiento. Un día me di cuenta de que la definición de *éxito* la tenía que poner yo, no podía dejar que me la impusieran desde fuera. Vivimos en una sociedad en la que estamos continuamente esperando la validación ajena. Parece que nuestro concepto de éxito equivale únicamente a lo que se puede subir a Instagram como algo memorable, envidiable, aspiracional, que recolecte millones de *likes*: ese tío que sube la foto de su nuevo yate, esa chica que sube un vídeo de un desayuno en un bungaló en las Maldivas... Oye, ¿qué tal si contáis la cantidad de sapos que habéis tenido que comeros crudos para conseguir todos esos logros materiales? ¿Cómo es vuestra rutina? ¿Estáis a gusto en ella? Porque os recuerdo que la rutina, y no las Maldivas ni tu barco, es el espacio donde pasas la mayor parte de tu vida. Y por eso yo he decidido que para tener éxito tengo que acomodarme bien en ella. Como dice el psicólogo Buenaventura del Charco: «Ponerle un buen sillón a tu zona de confort».

Y es por esto por lo que insisto en que este libro no es un nuevo «relato de un superviviente». No es el cuento de ese que edificó un triunfo sobre una montaña de fracasos. No es una historia de superación. Es una historia de adaptación. Porque lo que ahora tengo por triunfo podría saber a muy poco desde el relato hegemónico que impone Silicon Valley. Yo no me he alzado hacia el triunfo sobre mi montaña de fracasos, sino que me he hecho mi casita entre mis fracasos (que no lo han sido), porque alzarme sobre ellos ya no me interesa.

Y no te puedes hacer a la idea de la paz mental que se alcanza cuando uno toma esta decisión. Cuando ve que el cielo ya no le llama, sino que su objetivo está mucho más cerca, y que es un objetivo digno y decente, que le da para vivir y para enorgullecerse. Es un objetivo ambicioso, pues tampoco tiene freno, mientras se me ocurran nuevas formas de ayudar a quienes hablan castellano a entender cosas. Disfruto de mi familia, crío a mis hijas, gano dinero, tengo reputación, no me veo obligado a explotar a nadie y genero valor en forma de conocimiento. Francamente, no creo que ningún pez gordo de San Francisco tenga más éxito que yo. Al menos, según lo que yo entiendo por éxito.

Y, lo que ellos entiendan por éxito, ¿a mí qué me importa?